한국산업인력공단 최신 출제기준 100% 반영

한식 조리기능사

실기

김찬화 · 류지나 · 반효현 공저

100% 맞춤형 수험서

- 실기시험 요리 종류별 분류
- 최신 추가 과제 반영 – 과제 53
- 변경된 수험자 유의사항 · 요구사항 반영

부록 생활건강식

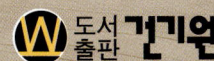

머리말

우리나라 음식은 계절과 지역에 따른 특성을 잘 살려서 과학적이고 합리적인 조화를 이루어 다양하게 전개되어 왔으며, 이러한 선조들의 슬기와 지혜로움이 조화된 맛과 영양을 바탕으로 식품배합이 잘 이루어져 있습니다. 오늘날 21세기의 한식은 인종, 국적을 떠나 우리의 전통 요리를 즐기고 각자의 입맛에 맞게 변화하고 있으며, 스타 요리사와 대중화된 미식가들에 의해 한국음식은 끊임없이 세계화되면서 발전하고 있습니다. 따라서 한식조리기능사를 준비하는 수험생들은 한식 요리에 대한 자부심과 발전을 위해 우리의 전통음식을 연구하고 한식의 경쟁력을 발전시켜야 한다는 사명감이 필요한 때이기도 합니다.

본 교재는 한국산업인력공단에서 실기시험의 공개 문제 53가지의 요리를 지급된 재료로 시험시간 내에 1인분을 만들어내는 작업과정 등을 공단의 변경된 유의사항과 요구사항에 따라 서술하였으며, 공개 문제와 채점기준 등을 철저히 분석하여 초보자도 쉽게 작품을 완성할 수 있도록 함으로써 자격증을 취득할 수 있게 하였습니다.

이 교재를 만든 저자들은 20년 이상의 강의 경험과 조리기능사, 기능장 실기시험 감독위원 등으로 활동하면서 수험생들을 이해하게 되었고, 정확하고 체계적으로 작품을 만들어 낼 수 있는 방법을 수험생들의 눈높이로 이해하기 쉽게 조리법을 설명하였습니다.

이 교재로 공부한 수험생 모든 분들이 합격할 수 있기를 바라며, 부족한 부분은 지속적으로 수정·보완하여 새로운 교재가 되도록 노력하겠습니다.

마지막으로 이 책이 나올 수 있도록 베풀어주시고 오랫동안 기다려주신 웅보출판사 사장님을 비롯하여 편집부 여러분께도 감사한 마음을 전합니다.

저자 일동

Contents

❖ 한식조리기능사 실기시험 안내 ▪6

제1편 한식조리기능사 이론편

1. 한국음식의 개요 ▪16
2. 한국음식의 변천사 ▪17
3. 한국음식의 특징 ▪19
4. 한국음식의 종류 ▪24
5. 한국음식의 상차림 ▪33
6. 한국음식의 양념과 고명 ▪39
7. 한국음식의 재료 ▪45
8. 식품의 계량 ▪53
9. 전통음식의 분류 ▪55

제2편 한식조리기능사 실기편

❖ 수험자 유의사항 ▪91

밥 · 죽류
01 비빔밥 ▪92
02 콩나물밥 ▪94
03 장국죽 ▪96

면 · 만두류
04 국수장국 ▪98
05 비빔국수 ▪100
06 칼국수 ▪102
07 만둣국 ▪104

탕 · 찌개 · 전골류
08 완자탕 ▪106
09 두부젓국찌개 ▪108
10 생선찌개 ▪110
11 소고기전골 ▪112
12 두부전골 ▪114

찜 · 선류
13 돼지갈비찜 ▪116
14 닭찜 ▪118
15 북어찜 ▪120
16 달걀찜 ▪122
17 오이선 ▪124
18 호박선 ▪126
19 어선 ▪128

조림 · 초 · 볶음류
20 두부조림 ▪130
21 홍합초 ▪132
22 오징어볶음 ▪134

전 · 튀김류
23 육원전 ▪136
24 생선전 ▪138
25 표고전 ▪140
26 풋고추전 ▪142
27 채소튀김 ▪144

적류
28 섭산적 ▪146
29 화양적 ▪148
30 지짐누름적 ▪150

구이류
31 너비아니구이 ▪152
32 제육구이 ▪154
33 북어구이 ▪156
34 생선양념구이 ▪158
35 더덕구이 ▪160

생채류
36 무생채 ▪162
37 도라지생채 ▪164
38 더덕생채 ▪166

냉류

39 겨자채 ▪168

숙채류

40 칠절판 ▪170
41 잡채 ▪172
42 탕평채 ▪174

장아찌·마른 반찬류

43 무숙장아찌 ▪176
44 오이숙장아찌 ▪178
45 북어보푸라기 ▪180

회·강회류

46 육회 ▪182
47 미나리강회 ▪184

김치류

48 보쌈김치 ▪186
49 오이소박이 ▪188

떡·한과 음청류

50 화전 ▪190
51 매작과 ▪192
52 배숙 ▪194

재료썰기

53 재료썰기 ▪196

부록 – 생활건강식

01 영양밥 ▪200
02 단호박밥 ▪201
03 흑미죽 ▪202
04 청포묵국 ▪203
05 인삼초교탕 ▪204
06 매생이 검은 콩국수 ▪205
07 갈비찜 ▪206
08 수삼 오미자 탕수 ▪207
09 인삼불고기 ▪208
10 삼색밀쌈 ▪209
11 인삼잡채 ▪210
12 궁중떡볶이 ▪211
13 참마흑미구이 ▪212
14 씨삼무침 ▪213
15 인삼장떡 ▪214
16 인삼약고추장 ▪215
17 삼색나물 ▪216
18 인삼열무김치 ▪217
19 인삼영양떡 ▪218
20 인삼정과 ▪219
21 인삼양갱 ▪220
22 인삼편 ▪221
23 오미자화채 ▪222
24 도시락 ▪223
25 수삼샐러드 ▪224

❖ 참고문헌 ▪225

❖ 한식조리기능사 실기시험 안내

자격 정보

자격명: 한식조리기능사(Craftsman Cook, Korean Food)
관련부처: 식품의약품안전처
시행기관: 한국기술자격검정원

출제 경향

① 요구 작업 내용

　지급된 재료를 갖고 요구하는 작품을 시험 시간 내에 1인분을 만들어내는 작업

② 주요 평가내용

　위생상태(개인 및 조리과정)·조리의 기술(기구취급, 동작, 순서, 재료다듬기 방법)·작품의 평가·정리정돈 및 청소

기본 정보

　한식, 중식, 일식, 양식, 복어조리 부문에 배속되어 제공될 음식에 대한 계획을 세우고 조리할 재료를 선정, 구입, 검수하고 선정된 재료를 적정한 조리 기구를 사용하여 조리 업무를 수행하며 음식을 제공하는 장소에서 조리시설 및 기구를 위생적으로 관리·유지하고, 필요한 각종 재료를 구입, 위생학적, 영양학적으로 저장 관리하면서 제공될 음식을 조리·제공하기 위한 전문 인력을 양성하기 위하여 자격제도 제정

수행 직무

　한식조리부문에 배속되어 제공될 음식에 대한 계획을 세우고 조리할 재료를 선정, 구입, 검수하고 선정된 재료를 적정한 조리기구를 사용하여 조리업무를 수행함. 또한 음식을 제공하는 장소에서 조리시설 및 기구를 위생적으로 관리·유지하고, 필요한 각종 재료를 구입, 위생학적, 영양학적으로 저장 관리하면서 제공될 음식을 조리하여 제공하는 직종임.

진로 및 전망

① 식품접객업 및 집단 급식소 등에서 조리사로 근무하거나 운영이 가능함. 업체 및 지역 간의 이동이 많고 고용과 임금에 있어서 안정적이지는 못한 편이지만, 조리에 대한 전문가로 인정받게 되면 높은 수익과 직업적 안정성을 보장받게 된다.

② 식품위생법상 대통령령이 정하는 식품접객영업자(복어조리, 판매영업 등)와 집단급식소의 운영자는 조리사 자격을 취득하고, 시장·군수·구청장의 면허를 받은 조리사를 두어야 한다.

　＊관련법 : 식품위생법 제34조, 제36조, 같은 법 시행령 제18조, 같은 법 시행규칙 제46조

취득 방법

① 시 행 처 : 한국기술자격검정원
② 시험과목 – 필기 : 식품위생 및 관련법규, 식품학, 조리이론 및 급식관리, 공중보건
　　　　　　 – 실기 : 한식조리작업
③ 검정방법 – 필기 : 객관식 4지 택일형, 60문항 (60분)
　　　　　　 – 실기 : 작업형(70분 정도)
④ 합격기준 : 100점 만점에 60점 이상

국가기술자격증 발급대상

① 신규발급 : 국가기술자격검정 실기시험에 합격한 자에게 처음으로 자격증을 발급
② 재발급 : 국가기술자격증을 발급 받은 자가 자격증을 분실하였거나 훼손하였을 경우 동일한 자격증을 다시 발급
③ 인정발급 : 국가기술자격법 제정 이전 다른 법령에 의한 기술자격취득자에게 국가기술자격법에 의한 기술자격취득자와 동일하게 인정하여 동종동등한 자격증을 발급

국가자격취득자 주의사항

① 국가기술자격증은 관계자의 요청이 있을 때에는 이를 제시하여야 합니다.
② 국가기술자격취득자는 성명, 주민등록번호, 주소, 종목 및 등급, 근무처 등이 변경되었을 때에는 변경내용을 우리 공단에 정정 신청하여야 합니다.
③ 국가기술자격증을 타인에게 대여하면 국가기술자격법 제16조의 규정에 의거 1년 이하의 징역 또는 1천만 원 이하의 벌금형을 받게 되며, 당해 국가기술자격은 취소 또는 3년 이내의 범위에서 정지됩니다. 국가기술자격증을 대여 받은 자 또한 국가기술자격법 제27조(양벌규정)에 의거 동일한 처벌을 받게 되니 주의하시기 바랍니다.
④ 기술자격이 취소 또는 정지된 자는 지체 없이 기술자격증을 반납하여야 합니다.

실기시험 안내

실기시험 접수안내

필기시험 합격(예정)자 응시자격 서류 제출 및 심사

- 대상 : 응시자격이 제한된 종목(기술사, 기능장, 기사, 산업기사, 전문사무 일부 종목)
  필기시험 접수지역과 관계없이 우리공단 지역본부 및 지사에 응시자격서류 제출
- 기술자격취득자(필기시험일 이전 취득자) 중 동일직무분야의 동일등급 또는 하위 등급의 종목에 응시할 경우 응시자격서류를 제출할 필요가 없음.
- 응시자격서류를 제출하여 합격처리 된 사람에 한하여 실기시험접수가 가능함.

필기시험 면제자 제출 서류

- 기능경기대회 입상자로서 필기시험 면제자 입상 확인서(전산조회가 가능한 경우 입상 확인서 미제출)

실기시험 시험일자 및 장소 안내

- 접수 시 수험자 본인 선택
- 먼저 접수하는 수험자가 시험일자 및 시험장 선택의 폭이 넓음

실기시험 시험과목 및 수수료

종목 및 등급	직무분야	필기수수료	실기수수료
한식조리기능사(7910)	음식서비스	11,900원	26,900원

실기시험 종목별 시험방법

직무분야	종 목 명	실기시험 방법	시 험 시 간		배 점	
			작업형	필답형	작업	필답
음식서비스	한식조리기능사	작업형	70분 정도		100	

수험자 지참 준비물: 2018년 한식조리기능사 지참준비물 목록

번호	재료명	재료명	수량
1	가위	조리용	1EA
2	계량스푼	사이즈별	1SET
3	계량컵	200mL	1EA
4	공기	소	1EA
5	국대접	소	1EA
6	김발	20cm 정도	1EA
7	냄비	조리용 (시험장에도 준비되어 있음.)	1EA
8	도마	나무도마 또는 흰색	1EA
9	뒤집개	–	1EA
10	랩, 호일	조리용	1EA
11	밀대	소	1EA
12	비닐봉지, 비닐 백	소형	1장
13	비닐 팩	–	1EA
14	석쇠	조리용 (시험장에도 준비되어 있음.)	1EA
15	소창 또는 면보	30×30cm 정도	1
16	쇠조리(혹은 체)	조리용 (시험장에도 준비되어 있음.)	1EA
17	숟가락	스테인리스 제	1EA
18	앞치마	백색(남·녀 공용)	1EA
19	위생모 또는 머리수건	백색	1EA
20	위생복	상의–백색, 하의–긴 바지(색상무관) (위생복장을 제대로 갖추지 않을 경우는 감점 처리됩니다.)	1벌
21	위생 타월	면 또는 키친 타월	1매
22	이쑤시개	–	1EA
23	젓가락	나무젓가락 또는 쇠젓가락	1EA
24	종이컵	–	1EA
25	칼	조리용 칼, 칼집 포함 (눈금표시 칼 사용 불가)	1EA
26	키친페이퍼	–	1EA
27	프라이팬	소형 (시험장에도 준비되어 있음.)	1EA

※ 자격정보시스템의 수험자 지참준비물 수량(1개)은 최소 필요량을 표시하였으므로 수험자가 필요 시 추가지참 가능하며, 시험에 불필요하다고 판단되는 것은 지참하지 않아도 무방합니다.

주요 과제(항목)별 배점 공개

국가기술자격 기능사 실기시험 주요 과제(항목)별 배점 공개

- 주요 내용
  - 국가기술자격 기능사의 작업형 실기시험 중 주요 과제(항목) 내용 및 평가가 독립적으로 구성되어 있는 종목
  * 주요 과제 또는 주요 항목 간 시험이나 평가에 상호 영향을 주지 않고, 과제가 연계되어 있지 않는 종목으로 선정
  - 공개 선정된 종목에 대해서는 현재 총점만 공개에서 주요 과제(항목)별 배점까지 공개 확대

과제(항목)별 배점

종목명	채점방법	과제 또는 항목(배점)	비고
한식조리기능사	현지 채점	• 위생상태 및 안전관리(10점) • 1과제명(45점) • 2과제명(45점)	상시 시험

항목별 배점

위생상태 및 안전관리	조리기술	작품의 평가
5점	30점	15점

위생상태 및 안전관리

대상종목	실기시험 공통 채점	배점
조리기능사 공통 적용	• 시험 중 시설·장비(칼, 가스레인지 등)의 사용 시 감독위원 및 타수험자의 시험 진행에 위협이 될 것으로 감독위원 전원이 합의하여 판단한 경우: **실격** • 채점기준: **위생상태 및 안전관리**	10

조리기술 및 작품 평가

과목	세부 항목	채점방법	배점
조리기술	조리방법	조리방법, 조리순서, 재료다루기, 재료나누기, 조리시간 등 숙련도에 따라	30
작품의 평가	작품의 색, 그릇에 담기	작품의 맛과 빛깔, 모양에 따라	15

개인위생상태 및 안전관리 세부기준 안내

1. 개인위생상태 세부기준

순번	구 분	세 부 기 준
1	위생복	• 상의 : 흰색, 긴팔 • 하의 : 색상무관, 긴바지 • 안전사고 방지를 위하여 반바지, 짧은 치마, 폭넓은 바지 등 작업에 방해가 되는 모양이 아닐 것
2	위생모 (머리수건)	• 흰색 • 일반 조리장에서 통용되는 위생모
3	앞치마	• 흰색 • 무릎아래까지 덮이는 길이
4	위생화 또는 작업화	• 색상 무관 • 위생화, 작업화, 발등이 덮이는 깨끗한 운동화 • 미끄러짐 및 화상의 위험이 있는 슬리퍼류, 작업에 방해가 되는 굽이 높은 구두, 속 굽 있는 운동화가 아닐 것
5	장신구	• 착용 금지 • 시계, 반지, 귀걸이, 목걸이, 팔찌 등 이물, 교차오염 등의 식품위생 위해 장신구는 착용하지 않을 것
6	두발	• 단정하고 청결할 것 • 머리카락이 길 경우, 머리카락이 흘러내리지 않도록 단정히 묶거나 머리망 착용할 것
7	손톱	• 길지 않고 청결해야 하며 매니큐어, 인조손톱부착을 하지 않을 것

※ 개인위생 및 조리도구 등 시험장내 모든 개인물품에는 기관 및 성명 등의 표시가 없을 것

2. 안전관리 세부기준

① 조리장비·도구의 사용 전 이상 유무 점검

② 칼 사용(손 빔) 안전 및 개인 안전사고 시 응급조치 실시

③ 튀김기름 적재장소 처리 등

출제기준(실기)

직무분야	음식 서비스	중직무분야	조리	자격종목	한식조리기능사	적용기간	2016.1.1 ~ 2018.12.31

◆ 직무내용 : 한식조리 부분에 배속되어 제공될 음식에 대한 기초 계획을 세우고 식재료를 구매, 관리, 손질하여 맛, 영양, 위생적인 음식을 조리 하고 조리기구 및 시설관리를 유지하는 직무

◆ 수행준거 : 1. 한식의 고유한 형태와 맛을 표현할 수 있다.
             2. 식재료의 특성을 이해하고 용도에 맞게 손질할 수 있다.
             3. 한식조리에 필요한 식재료의 분량과 양념의 비율을 맞출 수 있다.
             4. 조리과정의 순서를 알고 적절한 도구를 사용할 수 있다.
             5. 기초 조리기술을 능숙하게 할 수 있다.
             6. 완성한 음식을 적절한 그릇을 선택하여 담는 원칙에 따라 모양 있게 담을 수 있다.
             7. 조리과정이 위생적이고, 정리 · 정돈을 잘 할 수 있다.

필기검정방법	작업형	시험시간	70분 정도

필기과목	주요항목	세부항목	세세항목
한식조리작업	1. 기초조리작업	1. 식재료별 기초손질 및 모양 썰기	1. 식재료를 각 음식의 형태와 특징에 알맞도록 손질할 수 있다.
	2. 음식별 조리작업	1. 밥류 조리하기	1. 주어진 재료를 사용하여 요구사항대로 밥류 를 조리할 수 있다.
		2. 죽류 조리하기	1. 주어진 재료를 사용하여 요구사항대로 죽류 를 조리할 수 있다.
		3. 면류와 만두류 조리하기	1. 주어진 재료를 사용하여 요구사항대로 면류와 만두류 를 조리할수있다.
		4. 국과 탕류 조리하기	1. 주어진 재료를 사용하여 요구사항대로 국과 탕류 를 조리할 수 있다.
		5. 전골과 찌개류 조리하기	1. 주어진 재료를 사용하여 요구사항대로 전골과 찌개류 를 조리할수있다.
		6. 찜과 선류 조리하기	1. 주어진 재료를 사용하여 요구사항대로 찜과 선류를 조리할 수 있다.
		7. 생채류 조리하기	1. 주어진 재료를 사용하여 요구사항대로 생채류를 조리할 수 있다.
		8. 숙채류 조리하기	1. 주어진 재료를 사용하여 요구사항대로 숙채류를 조리할 수 있다.
		9. 전, 적, 튀김류 조리하기	1. 주어진 재료를 사용하여 요구사항대로 전, 적, 튀 김류를 조리할수있다.

필기과목	주요항목	세부항목	세세항목
		10. 구이류 조리하기	1. 주어진 재료를 사용하여 요구사항대로 구이류를 조리할 수 있다.
		11. 조림과 초류 조리하기	1. 주어진 재료를 사용하여 요구사항대로 조림과 초류를 조리할수있다.
		12. 볶음류 조리하기	1. 주어진 재료를 사용하여 요구사항대로 볶음류를 조리할 수 있다.
		13. 회류 조리하기	1. 주어진 재료를 사용하여 요구사항대로 회류를 조리할 수 있다.
		14. 마른찬류조리하기	1. 주어진 재료를 사용하여 요구사항대로 마른찬류를 조리할 수 있다.
		15. 장아찌류 조리하기	1. 주어진 재료를 사용하여 요구사항대로 장아찌류를 조리할 수 있다.
		16. 김치류 조리하기	1. 주어진 재료를 사용하여 요구사항대로 김치류를 조리할 수 있다.
		17. 한과만들기	1. 주어진 재료를 사용하여 요구사항대로 한과를 만들 수 있다.
	3. 담기	1. 그릇 담기	1. 적절한 그릇에 담는 원칙에 따라 음식을 모양있게 담아 음식의 특성을 살려 낼 수 있다.
	4. 조리작업관리	1. 조리작업, 위생관리하기	1. 조리복.위생모 착용, 개인위생 및 청결상태를 유지할 수 있다. 2. 식재료를 청결하게 취급하며 전 과정을 위생적으로 정리정돈하고 조리할 수 있다.

Craftsman Cook, Korean Food

한식조리기능사
이론편

1 한국음식의 개요

한국의 전통음식은 이웃한 중국과 일본의 음식과 비교해 보면 공통점도 많지만 뚜렷하게 구별된 한국의 특색이 나타나 있다. 한국의 전통음식에는 향토음식·혼례음식·시절음식·제례음식 등이 있으며, 가정에서 대대로 시조모·시어머니·며느리로 이어져 내려오는 가전의 음식솜씨에서 비롯된다. 또한 조미료·향신료 사용법에서도 특색을 지니고 있어 음식재료가 지닌 맛보다는 간장·파·마늘·깨소금·참기름·후춧가루·고춧가루 등 갖은 양념을 하여 생긴 새로운 맛을 즐기는 것이다.

한국음식은 곡물을 중시하여 각종 곡물음식이 발달하였고, 음식의 모양보다는 맛을 위주로 하며, 한국요리에 쓰이는 재료의 어울림이나 조미료의 쓰임새를 보면 삼국시대에 중국에서 전해진 약식동원(藥食同原)의 사상이 있음을 알 수 있다. 또한 음식에 한약 재료인 인삼·생강·대추·밤·오미자·구기자·당귀 등을 넣어 먹으며, 음식 이름에 약밥·약주·약과·약수 등과 같이 약(藥)이라는 글자가 많이 사용된다.

한국음식은 주식과 부식의 구분이 명확해 밥을 중심으로 국이나 찌개 및 김치 외에 채소·육류들로 조리법을 달리한 여러 가지 반찬을 먹는 것이 가장 일반적이며, 김치·장·

젓갈은 철에 맞추어 담갔다가 한 해 내내 빠지지 않고 상에 올린다.

한국음식은 주식인 밥을 중심으로 하여 여기에 따르는 부식인 반찬을 먹는 것이 가장 일상적인 형태이다. 국은 건더기에 비해 국물이 많으며, 찌개는 국에 비해 건더기가 넉넉하고 간이 센 편이다. 그 밖에 여러 채소·육류들로 각각 조리법을 달리하여 여러 가지 찬을 마련한다. 살림이 넉넉지 못하고 식재료가 귀했던 과거에는 육류나 어류보다는 상대적으로 채소류를 부식으로 더 많이 만들어 먹었다. 동물성 단백질의 섭취가 부족해지기 쉬웠으므로 콩을 이용하여 만든 장류와 두부로 보충하였으며, 식물성 지방은 참기름·들기름·콩기름 등에서 주로 섭취하였다.

한식의 조리법으로는 구이·전·조림·볶음·편육·나물(생채·숙채)·젓갈·포·장아

찌·찜·전골 등이 있다.

 한국음식은 전통사상에서도 영향을 많이 받았는데, 특히 조선시대의 유교사상은 한국음식에 큰 영향을 끼쳤다. 그리고 농경민족답게 조반을 중요시하여 요즘에도 생일상을 아침에 차리는 풍속이 남아 있다. 우리의 전통음식의 풍습에 따르면 철에 따른 시식과 절기에 다른 절식이 있다. 이것은 제 철에 나는 식품으로 별미를 즐기는 풍속이다. 집안에 경사나 제사 같은 특별한 의례가 있을 때에는 음식을 풍성하게 마련하여 친척은 물론 이웃과도 나누어 먹는 아름다운 풍습도 있다.

2 한국음식의 변천사

 한반도의 신석기문화는 빗살무늬토기와 함께 기원전 6000년 경 시작되었다. 신석기인들은 어로와 수렵·채취생활을 주로 하다가 후기에 들어서서 원시적인 농경생활로 점차 바뀌게 되었다. 빗살무늬토기인 이후 우수한 청동기를 가진 북방유목민들이 한반도에 침입하여 토착원주민들과 연합하여 우리 민족의 원형인 맥족이 형성되고, 이들이 고조선을 만들었다. 기원전 1500년에서 2000년쯤부터 한반도에서 벼의 재배가 시작되었으며, 어패류도 채취하여 먹었음은 패총의 발굴로 알 수 있다. 그 당시 우리 조상들은 처음에는 곡식을 토기 시루에 술밥처럼 쪄서 먹다가 나중에 토기 솥을 만들어 물을 붓고 끓여서 죽과 밥을 지어 먹었다. 또 떡은 곡식을 돌절구에 찧거나 맷돌에 갈아 가루로 만들어 토기 시루에 쪄서 먹었다. 밀도 가루로 빻아서 국수나 수제비 같은 형태로 조리하였고, 소금과 기름을 사용할 줄 알았다. 중국의 문헌에 따르면 고구려인들은 이미 장·젓갈·김치·술 같은 발효식품을 잘 만들었다고 한다.

 삼국시대에 들어 와서 철기문화가 발달함에 따라 농업의 생산력이 증대되었고, 벼농사도 널리 보급되었다. 이에 따라 수렵은 상대적으로 쇠퇴하였으나, 소·돼지·닭·양·염소·거위·오리 등을 집에서 길렀으며, 범·소·물소·여우·토끼·이리·비둘기·까치·꿩·갈매기·까마귀 같은 짐승들을 먹었다는 기록이 있다. 조선술이 발달하여 먼 바다까지 고기잡이를 갈 수 있게 되었으며, 다양한 물고기와 해초류를 먹기 시작했는데, 날로 먹거나 구워서 먹었다.

고려시대에는 중농정책을 실시하여 농기구를 개량하고, 상평창이라는 물가조절기관을 설치하여 곡식을 비축함으로써 곡물가격을 조절하였으며, 양곡의 수확도 크게 늘었다. 전쟁용과 운반용으로 쓰기 위하여 제주도에 목장을 개설하여 말을 사육하였고, 소는 주로 농경에 사용하였다. 태조의 훈요십조에 따라 숭불정책을 실시함으로써 고려 초기에는 살생을 금하고 육식을 절제하였으나, 후기에는 원(元)의 지배를 받게 되면서부터 육식의 풍습이 다시 살아나 양고기·돼지고기·닭고기·개고기 같은 것을 먹게 되었다. 소금·엿·식초를 사용하였으며, 중국에서 수입한 설탕과 향신료인 후추를 사용하였다. 밥·잡곡밥·팥·죽·설기떡 등의 곡물음식을 해 먹었으며, 특히 율고가 유명하다. 조리법이 다양해져서 국수·만두·상화·유과·유밀과·다식 같은 음식을 만들었으며, 두부와 콩나물도 만들게 되었다. 간장과 된장 그리고 술 등의 발효식품을 담글 줄 알게 되었고, 음다의 풍습과 함께 화채·숭늉·꿀물 같은 음청류도 다양하게 발달하였다.

조선시대에는 '농자천하지대본'이라 할 정도로 농업은 장려하고 저수지와 보(洑) 등의 수리시설을 확충함으로써 곡식과 채소의 생산이 늘어났고, 품질개선이 이루어졌으며, 농업에 관한 서적도 많이 보급되어 농업기술 또한 발전하게 되었다. 음식은 가정음식이 주가 되었고 손님접대도 가정에서 이루어졌다. 그 후 간단한 주점과 같은 음식점과 식료품상이 나타나기 시작했다. 궁중음식·반가음식·상민음식이 저마다 다른 특징을 보였으며, 전체적으로 한국음식의 수준을 높이는 데 기여하였다.

식생활문화가 발달하면서 반가에서 7첩 반상·9첩 반상 등의 상차림의 구성법이 정착되었다. 또 그릇과 조리기구 및 상은 공예미술품으로도 손색이 없을 만큼 높은 경지에까지 이르렀다. 상차림과 식사예법이 잘 다듬어져서 의례음식의 차림새나 명절음식의 종류가 표준화되어 전국적으로 보급되었으며, 시식과 절식도 더욱 다양해졌다.

우리나라 음식의 상차림은 윗사람은 존대하는 관습으로 큰 상에 많은 음식을 차려 먼저 윗사람이 먹고 난 뒤에 남은 음식을 아랫사람에게 먹게 한다. 그동안은 거의 모든 문화가 대륙으로부터 수입되어 왔으나 조선시대에는 일본과 남방으로부터 고추·호박·고구마·감자 같은 새로운 식품이 들어오기도 하였다. 한국음식의 매운맛을 내는 데 필수적인 향신료인 고추는 17세기쯤에 정착되었다.

다양한 술을 양조하게 되었으나 음다풍속은 숭유억불정책으로 쇠퇴하게 되었다. 조리법은 고려시대의 것을 그대로 이어 받아서 17세기를 즈음해서 한국의 고유한 조리법이 다듬어지고 식생활의 틀이 잡혔다.

　근대에 이르러서는 중국·일본·서양과 교류가 활발하게 이루어지면서 식생활과 요리 등이 전래되어 동서양 음식의 혼합시대를 이루었다. 서양음식은 우리나라를 찾아 온 서양 사람들에 의해 소개되어, 특히 궁중에는 러시아의 공사부인과 손탁이 고종에게 만들어 올리면서 전파되었고, 조선왕조가 망하면서부터는 궁중음식을 만들던 이들이 고급 요정을 차리면서 일반인도 궁중음식을 먹을 수 있게 되었다. 1920년에 조선호텔이 생겼고, 서양요리집이 생겨났으며, '양탕국'이라 하여 커피가 널리 퍼지고, 철도식당도 생겼다. 1900년대 서울 태평로·명동·소공동 등에 호떡·만두·교자·중국국수 등을 파는 중국집이 새겨났다. 일본음식은 일제시대에 자연스럽게 우동·단팥죽·어묵·단무지·초밥·청주 등이 들어왔다.

　현대 초기는 광복 직후 최악의 극빈 상태에서 또 다시 한국전쟁으로 굶주림을 면하기 어려운 상황이어서 서구로부터 원조물자와 보리혼식 및 분식장려 등으로 식량난을 해결하였다. 중기에는 1970~1980년대 공업화의 양상으로 즉석식품인 라면과 햄버거가 식문화의 자리를 차지하였고, 1990년도 이후에는 외식산업이 급속히 발달되었다. 그리하여 동물성 식품과 지방질의 과잉섭취경향으로 성인병의 원인이 되어 서구식 식습관에 대한 반성이 촉구되어 건강식품·무공해식품·자연식품 등에 관심을 가지게 되었다.

　IMF의 여진이 남아 있던 2000년대 초반만 해도 저가 메뉴가 주도했지만, 2010년대 중반 이후에는 '작은 사치(small luxury)'를 반영한 초고가 '디저트'가 인기를 얻으면서 초콜릿, 고로케, 단팥빵 등 '수제', '즉석' 음식 등이 각광받고 있다. 또한 스타 요리사와 대중화된 미식가들에 의해 한국음식은 끊임없이 세계화되면서 발전하고 있다.

3 한국음식의 특징

　한국의 지리적 위치는 중국대륙과 일본열도 사이에 있는 반도로서 기후나 양국의 중간으로 교량의 구실을 하게 되었으며 대륙의 영향이 매우 컸다. 사계절이 뚜렷하여 농업이 발달하였고, 이에 따라 쌀과 잡곡의 생산이 다양하게 이루어져 이것들을 이용한 조리법이 발달되었으며, 삼면의 바다는 다양하고 풍부한 수산물을 제공해 주었다. 또한 채소류를 이용한 조리법도 발달되었고, 장류·김치류·젓갈류 등 발효식품이 많으며, 그 밖의 식품저장 기술도 일찍부터 발달하였다.

특히 한반도는 남북이 길고 동서가 좁은 지형으로 북부와 남부의 기후 차이가 크며, 북쪽은 산간지대, 남쪽은 평야지대여서 지역마다 산물도 서로 다르다. 이러한 자연적인 배경과 지역별 특성에 따라 각 고장의 음식이 발달하였으니 이것이 향토음식이다.

우리나라 음식은 계절과 지역에 따른 특성을 잘 살려서 과학적이고 합리적인 조화를 이루어 다양하게 전개되어 왔으며, 이러한 선조들의 슬기와 지혜로움이 조화된 맛과 영양을 바탕으로 식품배합이 잘 이루어졌다.

1 조리상의 특징

(1) 곡물조리법이 발달하고, 주식과 부식이 분리되었다.

우리나라는 3천여 년 동안 벼농사 위주의 농업국으로, 곡물로 지은 밥을 주식으로 하여 왔다. 밥 요리는 찐 밥에서 시작되었고, 삼국시대 후기 경에 이르러 끓여 짓는 취사법이 일반화되기 시작했다.

또한 잡곡농사의 역사가 깊고 그 종류도 다양하였으므로 잡곡을 활용한 조리법이 발달하였다. 『정조지』에 따르면, "남쪽 사람들은 쌀밥을 잘 짓고, 북쪽 사람들은 조밥을 잘 짓는다."라고 하였는바, 지역별로 많이 산출되는 잡곡으로 일상주식에 활용하였다.

(2) 음식의 간을 중요시 여긴다.

우리나라의 음식의 맛은 이중구조로 규정할 수 있다.

그 첫 번째는 담백미와 조화미를 들 수 있다. 일례를 들면 고추의 전래 이전에는 소금이나 장류 등에 채소를 절여 먹는 담백성이 보이나, 고추의 전래 이후에는 갖은 양념을 다하여 그 조화된 맛을 즐기는 경향이 강해진 것이다. 현대로 내려올수록 이러한 조화미의 기호는 강해져 양념의 놀라운 발전을 가져오게 된다.

두 번째로 역사적인 면이 있다. 어업부족(部族)과 농경부족의 이중성, 상층과 하층 간의 식생활의 이중성, 남성과 여성의 이중성들이 각각 그 이질성과 함께 이중구조를 견지해 오기도 하였다. 이와 같은 다양성에서 우리나라 음식은 간을 중요시하였고, 풍성한 식생활사를 만들어 왔다.

(3) 조미료 · 향신료의 이용이 섬세하다.

여러 고문헌에 따르면 아주 다양한 맛의 표현이 등장한다. 조미료와 향신료의 사용법에 따라 요리의 기호에 큰 영향을 미치게 되는데, 한국음식에서는 조미료와 향신료의 사용이 섬세하나 유사한 점이 많다.

(4) 식의동원(食醫同原)의 조리법이 우수하다.

우리 식생활이 단순히 기아에서 벗어나기 위한 수단에 불과했던 시대를 지나 생활수준이 전반적으로 향상되고 과학화됨에 따라 사람들은 차차 질적으로 우수한 건강식을 찾게 되었다. 뿐만 아니라 성인병을 예방하기 위한 보양식에 더욱 관심을 기울이게 되었다.

사람이 건강을 보전하고 기력을 기를 목적으로 먹는 식품을 보양식이라 한다. 우리 음식은 예로부터 식의동원에 기초한 조리법이 발달하였을 뿐 아니라 "밥보다 좋은 약은 없다", "밥이 보약이다"라는 식생활에 대한 믿음을 가지고 있다. 그런 점에서 볼 때, 우리의 음식은 어느 것 하나 식의동원과 무관한 것이 없다고 본다. 그러나 같은 음식이라도 먹는 사람의 체질이나 병증에 따라 몸에 이로울 수도 있고, 해로울 수도 있다. 또 조리법에 따라 효과가 다를 수도 있는 것이다.

조선 후기의 의성(醫聖) 동무(東武) 이제마는 『동의수세보원』에서 사상의학에 따라 체질을 태양인 · 소양인 · 태음인 · 소음인으로 구별하여 각각의 체질에 맞는 음식과 처방을 하여야 함을 주장하였으며, 강의희는 보기식품 · 보혈식품 · 보양식품 · 보음식품으로 식품을 나누

고, 조리 방법을 곁들여 체질에 따라 적합한 보양식을 선택할 수 있다고 하였다.

(5) 일상식에서는 독상중심이었다.

독상중심의 상차림은 우리의 유교사상은 물론 가옥구조와도 밀접한 관련이 있다. 즉 방의 구성이 부모님이 거처하는 방, 손님이나 바깥주인이 거처하는 사랑방, 그 외에 식구들이 사용하는 방으로 나누어져 있으므로, 이같은 주거문화에 따라 밥상을 따로 차리게 된 것이다.

(6) 공동체 의식(儀式)이 발달하였다.

마을의 안녕과 질서를 기원하는 제사인 성황당 제사, 어촌에서 만선과 안전을 기원하는 제사인 풍어제, 사찰에서 지내는 제사인 제향과 같은 공동체 의식은 음식문화의 발달 및 사회적인 동질감 조성에 좋은 역할을 하였고, 비빔밥·천렵국·보신탕·떡·술 등의 음식문화에 지대한 영향을 미쳤다.

(7) 조화된 맛을 중히 여겼다.

한국의 음식은 그 맛과 향기 등에서 복합적이다. 그 예로 탕·나물숙회·비빔밥을 들 수 있다. 우리의 음식은 거의 100%에 가까운 섞어문화로 하나만의 독특한 맛과 향기를 내는 것은 극히 드물다.

(8) 풍류성이 뛰어났다.

선비문화의 영향으로 음다·음주 등의 풍습이 발달하였다.

(9) 저장음식이 발전하였다.

대륙성 기후의 영향으로 겨울과 여름은 길고 일조량이 적었기에 저장식품이 발달하였다. 저장식품의 발전은 곧 발효식품의 발달을 낳아 발효음식이 음식의 맛과 간을 맞추는 기본이 되었다. 이런 기본적인 발효음식이 바로 김치·간장·된장·고추장이다.

2 제도상의 특징

- 유교사상에 기초한 상차림이 발달하였고, 대가족제하의 가정에서는 어른을 중심으로 모두가 독상을 원칙으로 하였으므로 그릇과 밥상은 1인용으로 발달하였다.
- 상을 받는 사람의 식사량에 기준을 두는 것이 아니라, 식사의 분량이 그릇중심으로, 음식을 그릇에 가득 채우는 것이 기준이었으므로 음식을 남기는 일이 많았다.
- 의례를 매우 중시하여 돌·혼례·회갑·상례·제례 등 통과의례의 행사에는 반드시 음식을 풍성하게 마련하며, 차리는 찬품의 종류가 정해져 있다.
- 식후에는 반드시 숭늉을 마셨으며, 아침식사와 저녁식사를 특히 중시하였다.

3 풍속상의 특징

- 공동식의 풍속이 발달하였고, 예절을 중시하였으며, 풍류성과 주체성이 뛰어났다.
- 음식의 겉모양보다는 조화된 맛을 중요시하였으므로 조미료·향신료의 사용을 적당하게 하고, 조리시 정성과 노력을 많이 들였다.
- 식생활에 풍류가 배어 있으며, 예를 들어 절기음식 등을 함께 나누어 먹는 가운데 공동체생활의 풍속과 풍류성이 발달하였다.
- 정월부터 섣달까지 각 절기에 맞추어 장 담그기, 김치 담그기, 채소 말리기, 젓갈 담그기, 포 만들기 등을 함으로써 저장발효식품과 건조저장식품이 발달하였고, 명절식·시식과 매월의 절식풍습이 있다.

4 한국음식의 종류

한국음식은 크게 주식, 부식, 후식(기호식), 조미식류로 나눌 수 있다.

1 주식류

주식류는 곡류 등을 중심으로 구성되어 있으며, 간단한 찬류와 함께 한 끼의 식사를 할 수 있다. 그 종류는 밥류, 죽·미음·응이류, 국수·수제비류, 만두류, 떡국류 등이 있다.

(1) 밥

밥은 우리의 대표적인 주식으로 우리 선조들은 무쇠 솥이나 곱돌솥, 놋쇠솥, 오지밥솥 등으로 은근히 뜸을 들이고, 또 누룽지가 생겨 고소한 맛이 밥 속으로 스며들도록 조리했다.

주로 흰 밥을 먹지만, 그 외 보리, 찹쌀, 조, 콩, 팥, 수수, 밤, 녹두 등을 섞어 잡곡밥을 만들기도 한다. 또 밥 위에 다양한 채소나 육류를 얹어 조리한 비빔밥과 각종 채소류나 버섯, 해산물 등을 섞어 지은 밥도 있다. 밥은 주로 '사발'(혹은 주발)에 담아서 먹었는데, 같은 방법으로 조리하였다고 해도 먹는 사람의 신분에 따라 하층민은 끼니, 일반 백성은 밥, 양반은 진지, 왕은 수라라고 불렀다.

(2) 죽·미음·응이

죽, 미음, 응이는 모두 곡물로 만드는 유동식이다.

죽은 곡물의 5~8배의 물을 부어 오랫동안 가열하므로 완전히 호화되어 부드럽게 된 상태로 주식뿐만이 아니라 노인, 유아, 환자의 보양식으로 많이 쓰이며, 재료에 따라 흰죽,

두태죽, 장국죽, 어패류죽, 비단죽 등이 있다.

쌀 분량의 10배의 물을 넣어 끓인 후 체에 내리는 미음과 녹두, 갈근, 연근 등의 녹말을 물에 풀어 멍울이 지지 않게 저어가며 투명하게 끓인 응이가 있다. 특히 암죽은 모유가 부족할 때 아기를 키우던 대용식으로 이유식을 겸한 음식이다.

(3) 국수류

국수는 아침, 저녁의 식사보다는 무병장수를 비는 뜻으로 생일잔치나 결혼잔치, 명절 때 손님 접대용으로, 평상시에는 점심식사로 많이 먹는다. 국수는 곡물이나 전분의 재료에 따라 밀국수, 메밀국수, 녹말국수, 칡국수, 강량국수, 쑥국수, 미역국수 등이 있다. 또한 따뜻한 국물에 말아먹는 온면, 찬 육수나 동치미 국물에 말아 먹는 냉면, 국물은 쓰지 않고 비벼 먹는 비빔국수 등이 있다.

북쪽지방 사람들은 겨울에도 찬 냉면을 즐기고, 남쪽지방 사람들은 여름에도 뜨거운 밀국수를 즐긴다.

(4) 만두류와 떡국

주식인 밥의 대용식이 되었던 식품으로 국수 외에 만두와 떡국을 들 수 있다. 남쪽보다는 북쪽지방 사람들이 즐겨먹는 음식으로 껍질의 재료와 속에 넣는 소에 따라 아주 다양하다. 껍질의 종류에 따라 메밀을 재료로 한 메밀만두, 밀가루를 사용한 밀만두, 생선포로 만든 어만두 등이 있다. 만두 모양에 따라 껍질의 양귀를 맞붙여 둥글게 빚는 개성만두, 해삼 모양으로 빚는 규아상, 네모난 만두피에 소를 넣고 양쪽 귀를 서로 맞붙여 사각형으로 빚은 편수 등이 있다. 또 정초에는 멥쌀을 이용하여 흰 가래떡을 만들어 적당한 두께로 어슷하게 썬 후 육수에 넣어 끓여 먹는다. 일반적인 흰 떡국, 개성지방의 누에고치 모양으로 만드는 조랭이 떡국, 충청지방의 생떡국 등이 있다.

2 부식류

주식을 보조하여 일상 섭취하는 음식으로 그 종류에는 국류(탕), 전골·찌개류, 나물·

생채류, 구이류, 조림·지짐류, 볶음·초(炒)류, 누르미·누름적·전류, 선, 찜류, 강회 무침·수란·회류, 마른 반찬류(부각·자반·튀각·포 기타), 순대·족편류, 쌈류, 김치류, 장아찌류, 젓갈·식혜류, 묵류, 두부류 등이 있다.

(1) 국

국은 거의 빠지지 않고 끼니 때마다 밥상에 오르는 기본적인 부식류로 국에 이용되는 재료는 육류, 어패류, 채소류, 해조류 등 다양한 재료를 이용해 만든다. 국의 종류는 크게 맑은 장국, 토장국, 곰국, 냉국 등으로 나눌 수 있다.

① 맑은 장국 : 물이나 양지머리 국물에 여러 가지 건더기를 넣고 맑은 집 간장으로 간을 맞추어 끓인 국이다.
② 토장국 : 쌀뜨물이나 여러 가지 건더기를 넣고 된장으로 간을 맞추어 끓인 국이다.
③ 곰국 : 소고기의 여러 부위를 푹 고아 소금으로 간을 맞춘 국이다.
④ 냉국 : 끓여서 차게 식힌 물에 맑은 집간장으로 간을 맞추어, 날로 먹을 수 있는 건더기를 넣어 차게 해서 먹는 국이다.

(2) 찌개(조치)

조치란 궁중에서 찌개를 일컫는 말로서 국에 비해 건더기가 많고 국물을 적게 조리한 음식이고, 감정은 고추장으로 조미한 찌개를 말한다. 재료에 따라 생선찌개, 두부찌개, 젓국찌개 등으로 나눈다. 또 간을 한 식품에 따라 고추장찌개, 된장찌개, 맑은찌개로 나누며 찌개는 밥상차림의 필수 음식으로 돌냄비, 뚝배기에 끓인 것이 별미이다.

(3) 전골

육류와 채소를 밑간하고 여러 가지 재료 등을 전골틀에 올려놓고 색을 맞추어 담고 육수에 간을 하면서 즉석에서 끓여 먹는 국물요리를 말한다. 전골은 반상이나 주안상에 곁상으로 따라 나가는 중요한 음식이며, 전골의 종류에는 신선로, 소고기전골, 생선전골, 낙지전골, 두부전골, 각색전골 등이 있다.

(4) 찜·선

찜은 육류, 채소류를 국물과 함께 끓여서 익히는 것과 생선, 새우, 조개 등을 주재료로 하고 채소, 버섯, 달걀 등을 부재료로 하여 증기를 올려서 찌거나 중탕으로 익히기도 하고 즙이 날 정도로 삶아서 익히는 방법도 있다.

선은 호박, 오이, 가지, 배추, 두부 등과 같은 식물성 식품에 소고기 등의 부재료를 소로 채워 넣고 찜과 같이 만든 음식이다. 흰살 생선을 이용한 어선과 두부에 소고기나 닭고기 등을 섞어서 찜통에 쪄내는 두부선도 있다.

(5) 조림과 초(炒)

조림은 밥상에 오르는 찬이다. 조림 중에는 생선조림, 채소조림 등 조식반찬 등으로 조리하는 것이 있고, 저장성이 큰 조림, 즉 장조림이 있다. 조림은 간장으로 하지만 꽁치, 고등어 같은 붉은 살 생선은 비린내를 없애기 위해 고추장, 생강 등을 넣어 조린다.

초(炒)는 원래 볶는다는 뜻이 있으나 우리나라 조리법에서는 조림처럼 조리다가 나중에 녹말을 풀어 넣어 국물이 엉기게 하며 간은 세지 않고 달게 한다. 종류로는 전복초, 해삼초, 홍합초, 마른조갯살초 등이 있다.

(6) 볶음

육류, 채소류, 건어류, 해조류 등을 손질하여 썰어서 기름에 볶은 요리이다. 센 불에서 팬을 달궈 볶아야 물기가 안 생기고, 짧은 시간에 조리되므로 영양파괴도 적다. 기름에만 볶는 것, 기름에 볶다가 간장, 설탕, 물엿 등을 넣어 조미하는 것도 있다.

(7) 전유어·적

전유어(煎油魚)는 육류, 어패류, 채소류 등의 재료를 얇게 저미거나 다져서 반대기를 지어

달걀을 씌워 기름을 두르고 지지는 조리법으로 전유화(煎油花), 전유아, 저냐, 전 등으로 부른다.

적은 여러 가지 재료를 썰어서 갖은 양념을 한 다음, 꼬챙이에 꿰어서 양념장을 발라가며 구운 음식을 말하는 것으로 조리방법에 따라 산적과 누르미로 나뉜다. 산적은 날 재료를 양념하여 꼬챙이에 끼워구운 음식이며, 누름적은 채소, 고기 등을 양념하여 꼬챙이에 색을 맞추어 꿰고, 밀가루, 달걀을 씌워 번철에 전을 부치듯이 지진 음식이다.

(8) 구이

가장 기본적인 가열 조리방법으로 직접 불에 닿게 굽는 직접구이와 간접구이가 있으며, 조리법에 따라 소금구이, 간장구이, 양념 고추장구이, 초구이, 기름구이 등이 있다. 구이는 주로 육류와 어패류가 주재료이며, 채소는 부재료로 쓰이는 경우가 많다.

(9) 편육 · 족편

고기를 덩어리째로 삶은 것이 수육이고, 수육을 베 보자기에 싸서 무거운 것으로 누른 다음 얇게 저며 썬 것을 편육이라 하며, 양념장이나 새우젓국을 찍어 먹는다. 종류로는 양지머리편육, 사태편육, 제육편육 등이 있다.

족편은 소의 족, 가죽, 꼬리 등 육류의 질긴 부위를 물을 부어 오래 끓이면 젤라틴 성분이 녹아 죽처럼 되면 석이, 알고명, 실고추 등으로 고명을 넣어 응고시켜 얇게 썰어 낸다.

(10) 나물 · 생채 · 쌈

나물은 가장 기본적인 반찬으로 조리법에 따라 채소를 데쳐서 무친 것과 기름에 볶으면서 양념한 것 등이 있다. 나물의 조미는 참기름과 깨소금을 비교적 넉넉히 넣고 무쳐야 부드럽고 맛이 있다.

생채는 채소를 생으로 먹는 반찬류로 날것을 소금에 절이거나 그대로 썰어 초간장, 초고추장, 겨자즙 등에 무쳐 먹는다. 생채의 재료는 무, 배

추, 상추, 오이, 미나리, 더덕, 산나물 등으로 날로 먹을 수 있는 채소들이다.

쌈은 상추, 배춧잎, 취, 호박잎, 깻잎, 김 또는 생미역 등으로 밥을 싸서 먹는 것을 말하며, 날로 먹는 것과 데쳐 먹는 것 등이 있다.

(11) 회·강회

회는 육류, 어패류, 채소류 등을 날 것으로 먹게 만든 요리로서 대체로 가늘게 썰어 초고추장, 겨자장 또는 소금, 후추에 찍어 먹는 음식으로 조리법에 따라 생회와 숙회가 있다.

강회는 실파, 미나리를 데쳐서 달걀지단, 편육, 홍고추, 버섯 등을 가늘게 썰어 실파, 미나리로 예쁘게 말아 초고추장에 찍어 먹는 음식이다.

(12) 마른반찬(튀각·부각·포)

튀각은 다시마, 참죽나뭇잎, 호두 등을 기름에 바싹 튀긴 것이고, 부각은 재료를 그대로 말리거나 찹쌀풀이나 밀가루 풀을 입혀 바싹하게 말렸다가 튀겨서 먹는 밑반찬으로 식물성 지방을 가장 많이 섭취할 수 있는 음식이다. 재료로는 감자, 고추, 깻잎, 김, 참죽나뭇잎 등이 있다.

포는 고기를 말린 육포와 생선을 말린 어포가 있다. 육포는 주로 소고기를 간장으로 조미하여 말리고, 생선을 통째로 말리거나 살을 포 떠서 소금으로 조미하여 말린다.

(13) 장아찌·젓갈

장아찌는 무, 오이, 더덕, 감 등 여러 가지 채소를 된장, 막장, 고추장, 간장 등에 넣어 저장하여 장에 넣을 때에는 채소를 절이거나 말려서 수분을 뺀 후에 넣어야 무르거나 맛이 변하지 않는다. 이 밖에 김장과처럼 즉석에서 만드는 방법도 있다.

젓갈은 주로 어패류를 소금에 절여 염장하여 만들며 어패류의 단백질 성분이 분해되면서 특유의 향과 감칠맛을 낸다. 담그는 방법은 소금에 절인 것, 소금과 술에 절인 것, 기름과 천초 등을 넣어 향을 섞어서 담근 것 등이 있으며, 김장 김치에 양념으로 없어서는 안 되는 재료이다.

(14) 김치

김치는 채소류를 소금에 절이고, 고추, 파, 마늘, 생강, 젓갈 등을 넣어 버무려 익힌 저장 발효 음식으로 부식류에서 가장 기본적인 반찬이며, 국제적으로 널리 알려진 한국음식이다. 김치는 동물성 식품이 조화된 발효음식으로 채소가 부족한 시기에 비타민과 유기산, 칼슘을 공급해 주는 필수적인 저장 식품이다.

3 후식(기호식)류

기호적으로 즐겨 먹는 음식으로 떡류, 한과류, 음청류(다류 포함), 주류 등이 있다.

(1) 떡

가. 떡의 종류

떡은 한국의 대표적인 곡물요리로서 시루에 쪄서 완성한 찐 떡, 쪄서 절구 등에 놓고 친 떡, 반죽을 해서 모양 있게 빚는 떡, 기름에 지져서 완성한 지진 떡 등이 있다.

① 찐 떡

시루에 쪄서 완성한 시루떡은 떡의 기본형으로 가장 오래된 기초 조리법이다. 시루에 떡을 앉히는 방법에 따라 설기떡·무리떡·편·두텁떡이 있다. 재료에 따라 찰떡·반찰시루떡이 있고, 만드는 방법에 따라 송편·증편이 있다.

② 친 떡

멥쌀가루나 찹쌀가루를 시루에 찌거나 찹쌀로 밥을 지어 안반이나 절구에 놓고 쳐서 완성한 떡이다. 멥쌀가루를 쪄서 친 떡으로는 절편·가피떡·흰떡이 있고, 찹쌀가루를 쪄서 친 떡으로는 인절미·단자가 있다.

③ 빚는 떡

빚는 떡은 멥쌀가루와 찹쌀가루를 반죽하여 모양 있게 빚어 만드는 떡을 말한다. 이 떡은 빚어 찌거나, 고물을 묻히기도 하는 등 만드는 법에 따라 여러 가지가 있는데, 송편처럼 빚어 찌는 떡, 단자처

럼 쪄서 다시 빚어 고물을 묻히는 떡, 경단처럼 빚어 삶아 고물을 묻히는 떡 등이 대표적이다.

④ 지진 떡

익반죽 한 찹쌀가루를 모양을 내어 기름에 지져서 완성한 떡으로 화전·조악 등이 있다.

나. 떡에 사용된 재료

조선시대 때 떡에 사용된 재료는 95가지인데, 재료는 주재료, 부재료(소의 재료, 고물의 재료), 감미료, 발색소, 부풀리는 재료, 양념으로 나눌 수 있다.

① 주재료

멥쌀가루, 찹쌀가루, 밀가루, 메밀가루, 보리가루, 귀리가루, 귀맥가루, 율무가루, 차조가루, 기장가루, 서숙가루, 수수가루, 옥수수가루, 속낙개, 밀기울, 마가루, 도토리가루, 감자가루, 토란

② 부재료

- 곡류 : 녹두, 콩, 깨(들깨, 참깨, 검은깨)
- 채소 : 미나리, 무, 박, 오이, 숙주, 상추, 호박(오가리, 애호박, 천둥호박), 풋고추, 파, 배추
- 과일 : 밤(생률, 황률), 호두, 잣, 대추, 도토리, 청매, 유자, 은행, 복숭아, 살구(살구씨), 귤병, 감(건시, 홍시, 곶감), 복령, 산약, 치자
- 버섯 : 표고, 석이, 송이
- 꽃 : 출단화, 국화, 장미, 두견화, 국화잎, 등꽃
- 뿌리 : 더덕, 백합, 창포, 백출, 자출
- 나뭇잎 : 석남잎, 솔잎, 송피, 느티잎, 수리취, 쑥
- 감미료 : 조청, 꿀, 설탕, 엿기름
- 발색소 : 치자, 수리취, 승검초말, 솔기, 쑥, 연지
- 부풀리는 재료 : 소다, BP, 누룩, 탁주
- 기타 : 소고기, 돼지고기, 닭, 게, 새우, 달걀, 우유, 감태, 청태, 파래
- 양념 : 기름, 천초, 후추, 생강, 겨자, 소금, 계피, 파, 간장

(2) 한과

한과는 쌀이나 밀 등의 곡물가루에 꿀, 엿, 설탕 등을 넣고 반죽하여 기름에 튀기거나 과

일, 열매, 식물의 뿌리 등을 꿀로 조리거나 버무려서 굳혀 만든 과자이다. 다른 말로 천연물에 맛을 더하여 만들었다는 뜻에서 조과(造菓)라고도 한다.

한과는 만드는 법이나 쓰는 재료에 따라 크게 강정류 · 유밀과류 · 숙실과류 · 과편류 · 다식류 · 정과류 · 엿강정류 등으로 나눌 수 있다.

(3) 음청류

음청류는 술 외에 기호성 음료의 총칭으로 한국의 전통음료는 종류 · 형태 · 조리법 등에 있어서 매우 다양하다. 동양에서도 중국과 일본은 뜨거운 차를 즐기는데, 우리나라에서는 한겨울에도 화채 · 수정과 · 식혜를 즐겨 마신다. 한식음료는 크게 차게 해서 마시는 화채와 따끈하기 마시는 차로 나뉜다.

가. 화채

차게 해서 마시는 한식음료는 맛을 내는 특징이 네 가지가 있다.

첫째, 꿀이나 엿기름물을 기본으로 하는 음료, 둘째, 한약재를 달여 맛을 내는 음료, 셋째, 오미자를 달인 물을 기본국물로 쓰는 음료, 넷째, 과일즙과 과일조각으로 맛을 내는 음료 등이다.

나. 차

차는 음료로 마시기보다는 몸에 보탬이 되는 약용으로 마셨고, 몸을 보호하는 양생의 선약으로 여겼다. 겨울에 마시는 차는 몸을 따뜻하게 하고 감기를 예방하는 데 효과가 있다. 고려시대에는 주로 엽차를 마시고 조선시대에는 한방약재를 달이는 탕차가 유행하였다.

① 녹차

작설차, 설록차, 죽로차 따위의 찻잎에 더운 물을 부어 우려 마시는 녹차

② 탕차

한방재로 쓰이는 생강 · 계피 · 인삼 · 구기자 · 오미자 따위를 끓여 맛을 우려내는 차

③ 과일차

신과일을 넣어 끓이는 차

(4) 술류

과일이나 곡물을 익힌 것 등을 발효시켜 알코올 성분이 있게 만든 음료의 총칭이다. 우리나라 전통술은 곡주가 기본이며, 재료와 만드는 법이 지방마다 다양하여 향토 민속주로 자리 매김하고 있다.

4 조미식류

양념류·향신료에 해당하며, 그 종류로는 장류, 식초류, 유지류(참기름, 들기름), 조미·향신료류(마늘, 후추, 산초, 생강, 고추) 등이 있다.

5 한국음식의 상차림

우리나라의 식사법은 준비된 음식을 한꺼번에 모두 차려놓고 먹는 것을 원칙으로 하고 있다. 따라서 식사예절에서는 상차리기가 매우 중요시되고, 그만큼 형식도 까다롭다. 상차림이란 한 상에 차려 놓은 찬품의 이름과 수효를 말한다. 한국 일상음식의 상차림은 전통적으로 독상이 기본이다. 음식상에는 차려지는 상의 주식이 무엇이냐에 따라 밥과 반찬을 주로 한 반상을 비롯하여 죽상·면상·다과상 등으로 나눌 수 있고, 또한 상차림의 목적에 따라 교자상·돌상·큰상·제사상 등으로 나눌 수 있는데, 계절에 따라 그 구성이 다양하다.

한국음식은 한 상에 한꺼번에 모두 차려내는 데 특징이 있으며, 상은 네모지거나 둥근 것을 썼다. 상에는 반드시 음식이 놓이는 장소가 정해져 있어 차림새가 질서정연하였고, 먹을 때에는 깍듯이 예절을 지킨다.

찬의 가짓수에 따라 3첩·5첩·7첩·9첩 반상으로 나눠지고, 궁중에서는 12첩 반상을 차

린다. 첩이란 밥·국·김치·조치·종지(간장, 고추장, 초고추장 등)를 제외한 접시에 담는 반찬의 수를 말한다.

반찬의 종류를 정할 때는 재료와 조리법이 중복되지 않도록 하고, 빛깔과 영양도 고려해서 정한다. 반상의 배선은 수저는 상의 오른쪽에, 숟가락이 앞쪽, 젓가락은 뒤쪽에 위치하도록 하고, 상 끝에는 2~3cm 나가게 한다.

밥은 상 앞줄 왼쪽, 국은 오른쪽, 그리고 찌개는 국 뒤쪽에 놓는다. 김치는 상 뒷줄에 놓이고, 김치 중에서 국물김치는 오른쪽에 오도록 한다. 일반적으로 더운 음식인 국·찌개·구이·전 등은 오른쪽에 놓는다.

1 반상

반상(飯床)은 밥과 반찬을 주로 하여 격식을 갖추어 차리는 상차림으로 밥상·진지상·수라상으로 구별하여 쓰는데, 받는 사람의 신분에 따라 명칭이 달라진다. 즉 아랫사람에게는 밥상, 어른에게는 진지상, 임금에게는 수라상이라 불렀다. 또 한 사람이 먹도록 차린 반상을 외상(독상), 두 사람이 먹도록 차린 반상을 겸상이라 한다. 그리고 외상으로 차려진 반상에는 3첩·5첩·7첩·9첩·12첩이 있다.

(1) 3첩 반상

기본적인 밥·국·김치·장류 외에 나물(생채 또는 숙채), 구이나 조림 및 마른 반찬이나 장과 또는 젓갈 중 한 가지 등 세 가지 찬을 내는 반상이다.

(2) 5첩 반상

밥, 국, 김치 2가지, 장류(간장, 초간장), 찌개(또는 찜) 외에 나물(생채 또는 숙채), 구이, 조림, 전, 마른반찬이나 장과 또는 젓갈 중 한 가지 이렇게 다섯 가지 찬을 내는 반상이다.

(3) 7첩 반상

밥, 국, 김치 2가지, 장류(간장, 초간장, 초고추장), 찌개 2가지, 찜 또는 전골 외에 생채, 숙채, 구이, 조림, 전, 마른반찬이나 장과 또는 젓갈 중 한 가지, 회 또는 편육 중 한 가지, 이렇게 일곱 가지 찬을 내는 반상이다.

(4) 9첩 반상

생채, 숙채, 구이, 조림, 전, 마른반찬, 장과, 젓갈, 회 또는 편육 중 한 가지의 찬을 내며, 이 반상에는 전골상이 곁상으로 들여진다.

(5) 12첩 반상

반찬의 가짓수가 많을 뿐 아니라 식사예법도 까다로운 편이다. 열두 가지 이상의 찬을 내는 반상으로 수라상이라고도 한다. 수라상에는 대원반·소원반·사각반의 세 가지 상에 차려지는데, 기존 밥, 국, 김치, 찌개, 찜, 전골 이외에도 생채, 숙채, 구이 2종류(찬 구이, 더운 구이), 조림, 전, 마른반찬, 장과, 젓갈, 회, 편육, 별찬 이렇게 12가지가 나오고, 조리법이나 양념이 중복되지 않도록 각별히 신경을 쓴 12첩반상이다. 전국에서 생산되는 명산물을 가지고 궁중의 주방 상궁들의 빼어난 솜씨로 올려지게 된다.

〈반상차림의 구성〉

구분	기본 음식							쟁첩에 담는 찬품										
	밥	국	김치	장류	조치	찜	전골	생채	숙채	구이	조림	전	장과	마른찬	젓갈	회	편육	수란
3첩	1	1	1	1				택1	택1					택1		×	×	×
5첩	1	1	2	2	1			택1		1	1	1		택1		×	×	×
7첩	1	1	2	3	2	택1		1	1	1	1	1		택1		택1		×
9첩	1	1	3	3	2	1	1	1	1	1	1	1	1	1	1	택1		×
12첩	2	2	3	3	2	1	1	1	1	2	1	1	1	1	1	1	1	1

〈반상차림의 예〉

계절	봄	여름	가을	겨울
첩(접시)수	3첩	5첩	7첩	9첩
밥	콩밥	현미밥	흑미밥	팥밥
국	소고기뭇국	육개장	조개시금치국	배추국
종지	간장(청장)	간장, 초간장	간장, 초간장, 초고추장	간장, 초간장, 초고추장
김치	오이소박이	열무김치, 나박김치	보쌈김치, 깍두기	알타리김치, 배추김치, 동치미
찌개		된장찌개	순두부찌개, 명란젓찌개	조기매운탕, 호박젓국찌개
전골				두부전골
찜			호박선	북어찜
찬류	냉이초무침, 조기구이, 조개젓	삼색나물, 갈치구이, 감자조림, 육원전, 북어무침	무생채, 오이숙장아찌, 전어구이, 파전, 마른새우볶음, 콩나물, 돼지고기편육	도라지생채, 고사리나물, 김구이, 병어조림, 표고전, 고추부각, 오징어젓갈, 삼합정과, 낙지파강회

2 죽상

새벽자리에서 일어나 처음으로 먹는 음식으로 부담 없이 먹을 수 있는 가벼운 음식이다. 응이·미음·죽 등의 유동식을 중심으로 하고, 여기에 맵지 않은 국물김치와 젓국·찌개 및 마른 찬 등을 갖추어 낸다. 죽은 그릇에 담아 중앙에 놓고, 오른편에는 공기를 놓아 조금씩 덜어 먹게 한다. 죽상에는 짜고 매운 찬은 어울리지 않는다.

(1) 응이상
미, 소금, 꿀을 갖추어 낸다.

(2) 흰죽상
흰죽, 젓국조치, 나박김치(또는 동치미), 매듭자반, 북어무침, 포, 간장을 갖추어 낸다.

(3) 잣죽상
잣죽, 동치미, 다시마, 튀김, 소금, 꿀을 갖추어 낸다.

3 장국상

국수를 주식으로 하여 차리는 상을 면상(麵床)이라 하며, 점심 또는 간단한 식사 때에 많이 이용한다. 주식으로는 온면·냉면·떡국·만두국 등이 오르며, 부식으로 찜·겨자채·잡채·편육·전·배추김치·나박김치·생채·잡채 등이 오른다. 주식이 면류이기 때문에 각종 떡류나 한과·생과일 등을 곁들이기도 한다. 이때는 식혜·수정과·화채 중의 한 가지를 놓는다. 술손님인 경우에는 주안상을 먼저 낸 후 면상을 내도록 한다. 그리고 생일·회갑·혼례 등의 경사 때에는 큰상(고임상)을 차리고, 경사의 당사자 앞에는 면과 간단한 찬을 놓은 임매상(면상)을 차린다.

(1) 온면상
① 국수(온면), 정과 찜(민어찜, 도미찜)

② 떡(단자), 전, 잡누르미, 약식, 편육, 약과(다시과, 만두과), 강정, 잡채, 화채(진달래화채), 김치, 녹말편을 제공한다.

(2) 냉면상
① 국수(냉면), 김치, 소고기 전골, 떡수단, 전
② 화채, 장과를 제공한다.

4 주안상

주안상(酒案床)은 주류를 대접하기 위해서 차리는 상이다.

안주는 술의 종류와 손님의 기호를 고려해서 장만해야 하는데, 보통 약주를 내는 주안상에는 육포·어포·건어·어란 등 마른안주와 전이나 편육·찜·신선로·전골찌개 같은 얼큰한 안주 한두 가지, 그리고 전·편육류·생채류와 김치·과일 등이 오르며, 떡과 한과류도 제공되고, 그 외에 몇 가지 마른 안주류도 포함된다.

특히 기호에 따라 얼큰한 고추장찌개나 매운탕·전골·신선로 등과 같이 더운 국물이 있는 음식을 제공하며, 더불어 약주(정종류), 신선로, 전골, 찌개(매운탕), 찜, 포(육포, 어포), 건어전, 편육, 회, 생채류, 나박김치, 초간장, 간장, 겨자즙, 과일, 떡과 한과류, 생란, 조란, 생실과를 제공한다.

5 교자상

명절이나 잔치 또는 회식 때 많은 사람이 함께 모여 식사를 할 경우 차리는 상이다. 대개 고급재료를 사용해서 여러 가지 음식을 많이 만들어 대접하려고 할 때 종류를 지나치게 많이 하는 것보다는 몇 가지 중식이 되는 요리를 특별히 잘 만들고, 이와 조화가 되도록 색채나 재료·조리법·영양 등을 고려하여 다른 요리를 몇 가지를 포함한다면 더 좋은 방법이다.

조선시대의 교자상 차림은 건교자·식교자·얼교자 등으로 나뉘어 있다. 주식은 냉면이

나 온면·떡국·만두 중 계절에 맞는 것을 내고, 탕·찜·전유어 편육·적회·채(잡채, 구절판) 그리고 신선로 등을 제공한다. 김치는 배추김치나 오이소박이·나박김치·장김치 중에서 두 가지쯤 마련한다.

6 다과상

식사를 하고 후식 상으로 따로 마련하여 내기도 하고, 주안상이나 교자상에서 나중에 손님에게 차린다. 다과상은 여러 가지 떡류·유과·다식·숙실과·생실과·화채·차 등을 고루 준비하여 차린다.

〈상차림의 종류와 음식〉

차림 종류		음식이름
죽상		죽, 마른 찬, 나박김치, 젓국찌개, 소금, 꿀, 설탕, 청장
반상(12첩)	기본음식	밥, 탕, 조치, 전골, 찜 또는 선, 청장, 초장, 초고추장, 새우젓국, 김치류(배추김치, 동치미, 깍두기 등)
	찬류	구이, 편육, 전유어, 숙채, 생채, 조림, 장과, 젓갈, 마른찬, 장아찌, 회, 수란
장국상 (면상)		국수장국(비빔국수), 찜, 편육, 잡채, 회, 나박김치, 배추김치, 청장, 초장, 새우젓국
떡국상		떡국, 찜, 편육, 배추김치, 청장, 초장
만두국상		만둣국(편수, 규아상), 편육, 청장, 초장, 새우젓국, 나박김치, 배추김치
주안상		약주, 깨국탕, 진안주(편육, 녹두지짐, 밀적, 누름적, 화양적), 대하찜, 어선, 어만두, 회(갑회, 어채, 어회), 마른안주(포, 부각, 자반), 구절판, 나물, 수 란, 젓갈, 겨자즙, 초장, 초고추장, 각색전골(육, 채소, 생달걀), 김치(장김치, 닭김치, 보쌈김치, 오이김치)
교자상(夏)		깨죽, 영계백숙, 편육, 전유어, 생채, 오이선, 사슬적(어산적), 구절판, 어회, 김치(오이소박이, 닭김치), 냉면, 청장, 초장, 초고추장, 새우젓국, 생실과, 겨자즙, 화채 또는 각종 차, 약주
교자상(冬)		잣죽, 신선로, 편육, 찜, 전유어, 겨자채, 화양적, 회(갑회, 어회), 김치(배추김치, 장김치), 온면, 청장, 초장, 초고추장, 새우젓국, 겨자즙, 생실과, 식혜, 수정과, 각종 차, 약주
다과상		유밀과(약과, 매작과), 각색다식, 강정, 유과, 정과, 숙실과(대추초, 밤초, 조 란, 율란, 생란), 생실과, 화채, 식혜, 수정과, 각종 차

6 한국음식의 양념과 고명

 양념은 몸에 약처럼 이롭기를 바라는 마음에서 한자로는 약념(藥念)으로 표기하며, 재료의 맛과 향을 돋우거나 나쁜 맛을 없애기 위해 사용되는 것을 말한다. 양념 외에도 음식의 겉모양을 좋게 하기 위해 음식 위에 얹거나 뿌리는 것을 고명이라고 하는데, '웃기' 또는 '꾸미'라고도 한다. 한국음식의 고명은 음양오행설에 바탕을 두어 적색, 녹색, 황색, 흰색, 검정의 오색이 기본이다.

1 양념

 양념은 조미료와 향신료로 나눌 수 있다. 조미료에는 소금·간장·된장·고추장·식초·설탕 등이 있으며, 향신료에는 생강·겨자·후추·고추·참기름·들기름·깨소금·파·마늘·산초 등이 있다.

(1) 소금
음식의 맛을 내는 데 가장 기본적인 조미료로서 짠맛을 낸다.
① 소금의 종류
　호렴(천일념), 재염, 재제염, 식탁염, 맛소금 등이 있다.
② 소금의 작용
　음식의 간, 방부작용, 생선살을 단단히, 녹황색 채소의 색을 선명히, 재료를 부드럽게 한다.

(2) 간장
 간장은 메주를 소금물에 담그면 숙성되는 동안 메주에서 아미노산, 당분, 지방산 등이 우러나고 이런 성분 등에서 방향물질이 생기며 아미노카보닐 반응으로 검은색이 생겨 점점 검게 짙어지면서 맛과 색깔의 조화가 이루어진다. 메주와 소금물의 비율, 소금물의 농도, 숙성 중의 관리 여부가 장맛을 좌우하는 기본 조건이다.

(3) 된장

콩으로 메주를 쑤어서 알맞게 띄운 다음 소금물에 담가 숙성시킨 후 간장을 떠내고 남는 것이 된장이다. 된장의 '된'은 되직하다는 뜻으로서, 국이나 찌개, 쌈장 등에 이용되며 단백질의 좋은 공급원이 된다.

(4) 고추장

찹쌀이나 보리쌀 등의 곡류를 엿기름으로 당화시켜 조청을 만들고 고춧가루, 메주가루, 소금 등 각각의 재료와 함께 숙성시킨다. 고추장은 탄수화물의 가수분해로 생긴 단맛과 콩 단백질에서 오는 아미노산의 감칠맛, 고추의 매운 맛, 소금의 짠맛이 조화를 이룬 식품이다. 고추장은 그 자체가 반찬이기도 하고, 찌개나 다른 음식의 양념으로 이용되는 우리나라 고유의 조미료이다.

(5) 고춧가루

고추는 색이 곱고 껍질이 두꺼우며 윤기가 흐르는 것이 상품(上品)이며, 가루로 만들 때는 고추를 행주로 깨끗이 닦아 꼭지를 따고 씨를 뺀 다음 말려서 용도에 따라 굵직하게 빻거나 곱게 빻는다. 고추장이나 조미용은 곱게 빻고, 김치와 깍두기용은 중간 입자로, 여름 물김치용은 굵게 빻아서 사용한다.

(6) 식초

식초에는 양조초와 합성초가 있다. 양조초는 곡물이나 과실을 원료로 하여 발효시켜 만든 것이고, 합성초는 화학적으로 합성한 것이므로 양조초나 과실초와 같은 특수한 미량성분이 포함되어 있지 않으므로 풍미가 없다.

식초를 사용할 때는 다른 조미료를 먼저 넣고 다 스며든 다음 식초를 사용해야 한다. 식초는 식욕을 돋구어줄 뿐만 아니라 살균, 방부의 효과 및 생선 요리 시 단백질 응고작용으로 살이 단단해지고 비린내를 없애준다.

(7) 설탕

설탕은 자당이 주성분인 천연 감미료이다. 정제도에 따라 흑설탕, 황설탕, 백설탕으로 나뉘며 감미도는 색이 흰 것일수록 높아 백설탕이 제일 달다.

설탕은 단맛 이외에도 탈수성과 보수성이 있어서 이러한 성질을 이용하여 설탕절임, 달걀 지단에 넣어 부드럽게 만들어 준다. 또 설탕을 160℃ 이상 고온에서 분해시킨 캐러멜은 일종의 천연색소로 이용된다.

(8) 파, 마늘, 생강

파는 독특한 자극성분인 유기황화합물이 함유되어 있어 고기나 생선의 비린내를 제거한다. 파란 부분은 채 또는 크게 썰어서 향신료로 사용하고, 흰 부분은 다져서 양념으로 사용한다.

마늘은 살균, 구충, 강장 작용이 있으며, 소화와 비타민 B_1의 흡수를 도와 혈액순환을 촉진한다. 육류 요리에 꼭 필요한 양념이다.

생강은 생선의 비린내와 육류의 누린내를 제거하고, 식욕증진 및 몸을 따뜻하게 하는 작용, 연육작용, 항산화작용도 약간 있다. 생강은 휘발성이므로 요리 맨 마지막에 넣는 것이 좋다.

(9) 참기름, 들기름, 식용유

참깨를 볶아 짠 참기름은 독특한 향기가 있어서 우리 음식에 없어서는 안 되는 주요 기름으로 나물 무치는 데 사용된다. 들깨에서 얻은 들기름은 나물 볶을 때에 많이 사용되고, 식용유는 콩기름 · 옥수수기름 · 면실유 · 채종유 · 쌀눈기름 등이 있으며 부침요리를 할 때에 사용한다.

(10) 후추가루

검은 후추는 미숙된 열매를 말린 것으로 통으로 사용하기도 하지만 보통 갈아서 가루로 만들어 육류나 생선요리에 사용한다. 완숙된 후추 열매의 껍질을 벗긴 것이 흰 후추인데, 검은 후추에 비해 매운 맛이 약하지만 깨끗한 요리에 많이 사용한다.

(11) 겨자

갓 씨앗을 갈아서 겨자가루로 만든 것을 사용하는데, 겨자의 매운맛 성분인 시니그린을

분해시키는 효소인 미로시나제(myrosinase)는 40℃ 정도에서 매운맛을 내기 때문에 따뜻한 물에 겨자를 넣고 개어서 따뜻한 곳에 20여 분 동안 두어 숙성시키면 자극적인 매운 맛이 생긴다. 때로는 쓴맛이 나기도 하는데, 이것은 발효가 되지 않았기 때문이다. 식초, 설탕, 소금, 간장, 육수를 섞어서 겨자채나 냉채류에 사용한다.

(12) 계피가루

육계라고 하며, 계수나무의 껍질을 말린 것으로 떡, 약식, 수정과 등에 사용한다. 계피는 신경의 흥분을 억제하고 수분대사를 조절하여 감기에 좋다.

(13) 깨소금

깨소금은 잘 여문 흰깨를 깨끗이 씻어 볶아서 뜨거울 때 소금을 넣어 빻는다.

(14) 산초

산초는 잎, 열매 모두 향신료로 사용되며, 열매는 덜 여물 때 따서 장아찌로 만들기도 하며, 익은 열매는 건조시켜 가루로 만들어 조미료로 사용한다. 고추가 전래되기 이전에는 김치나 매운 음식에 매운 맛을 내는 조미료로 많이 쓰여졌다. 추어탕, 자리회, 개장국 등에 잘 어울린다.

2 고명

음식을 보고 아름답게 느껴 먹고 싶은 마음을 갖도록 음식의 맛보다 모양과 색을 좋게 하기 위해 장식하는 것이다.

(1) 달걀지단

달걀을 황·백으로 나누어 흰자는 알끈을 제거하고 소금을 넣어 거품이 일지 않게 잘 저은 다음 깨끗한 프라이팬에 기름을 바르고 충분히 코팅시킨 후에 기름을 닦아내고 달걀물을 적당량 붓고 얇게 펴서 약한 불에서 부친다. 골패형(1×4cm), 마름모꼴(2×2cm), 채로 썰어서 사용한다. 식은 후에 썰어야 부서지지 않는다.

(2) 고기완자

소고기의 살코기 부분을 곱게 다져 갖은 양념을 한 다음 은행알만 하게 만들어 밀가루 묻히고 달걀물 입혀서 기름 두른 프라이팬에 굴리면서 지진다. 신선로, 면, 전골에 사용한다.

(3) 미나리초대

미나리를 잎과 뿌리는 떼고 줄기부분만 손질하여 깨끗이 씻은 다음 3~5줄기 정도로 윗부분과 아랫부분에 꼬치로 꿰어 밀가루, 달걀물 순서로 입혀서 기름 두른 팬에 지진다. 마름모나 골패 모양으로 썰어서 사용한다.

(4) 알쌈

소고기를 곱게 다져서 양념하여 은행알보다 작게 만들어 둥글게 빚은 다음 기름 두른 팬에 지져서 소를 만든다. 달걀물을 한 수저씩 떠놓은 다음 수저로 타원형으로 모양을 만들고 소를 한 쪽에 놓고 반으로 접어 만든다.

(5) 통깨

통깨는 물기 있는 채로 손으로 문질러 하얗게 껍질을 벗겨서 사용하기도 하고, 그대로 볶아서 사용하기도 한다. 우리 음식에 가장 많이 사용되는 고명이다.

(6) 잣

잣은 통잣, 비늘잣, 잣가루 용도로 사용할 수 있다. 잣은 고깔을 떼고 마른 행주로 닦아 통잣 그대로 사용하고, 반으로 갈라서 비늘잣으로 사용하기도 한다. 잣가루는 잣을 손질하여 도마 위에 한지 또는 종이타월을 깔고 칼을 이용하여 다져주면 된다.

(7) 은행, 호두, 밤, 대추

은행은 겉껍질을 벗겨서 팬에 기름을 두르고 소금을 넣어 굴려가며 볶아준다. 은행은 고명 또는 꼬치에 끼워 안주로 사용되기도 한다.

호두는 겉껍질을 깐 다음 따뜻한 물에 식초를 조금 넣고 불려서 꼬챙이로 속껍질을 벗긴다. 신선로, 찜 등에 사용한다.

밤은 겉껍질과 속껍질을 벗긴 후 편썰기 또는 고운채로 사용한다.

대추는 깨끗한 행주로 닦은 다음 씨를 발라서 곱게 채를 썰거나 돌돌 말아서 꽃 모양으로 썬다. 떡이나 한과에 고명으로 사용된다.

(8) 표고, 목이, 석이버섯

표고버섯은 보통 햇빛에 말린 건표고버섯을 사용한다. 건표고는 물에 불려서 물기를 꼭 짜고 기둥을 뗀 다음 포를 떠서 채를 썰거나 골패 모양으로 사용한다.

목이버섯은 찬물에 불려야 조직이 꼬들꼬들하니 씹히는 맛이 좋다. 불린 후 나무에 붙었던 부분을 제거하고 찢거나 채로 썰어서 사용한다.

석이버섯은 깊은 산의 바위에 붙어 자라는 버섯으로 검은 색을 띤다. 따뜻한 물에 불려서 뒷면의 이끼 및 뿌리를 제거한 다음 물기를 없앤 후 돌돌 말아서 곱게 채 썰어서 사용한다.

(9) 실고추, 풋고추, 붉은고추

실고추는 건고추를 잘라 씨를 뺀 다음 젖은 행주로 닦아서 가늘게 채 썬 것이다.

풋고추와 붉은 고추는 색깔과 매운 맛을 내기 위해서 요리에 많이 사용된다. 씨를 빼고 곱게 채썰거나 골패형으로 썰어서 사용한다.

7 한국음식의 재료

1 곡류

주식으로서 밥의 재료인 쌀에는 멥쌀과 찹쌀이 있다. 도정에 따라 현미·7분 도미·9분 도미·백미 등으로 구분되고, 도정이 높을수록 밥의 색이 희고 부드럽지만 쌀알의 외피에 있는 무기질과 비타민 등의 영양성분의 손실이 크다.

보리는 낟알의 구조에 의해 겉보리와 쌀보리가 있다. 보리에는 낟알에 홈이 있어 쌀과 같이 깨끗이 도정이 되지 않아 섬유소가 덜 벗겨지므로, 쌀보다 비타민이나 회분이 많다. 섬유소가 덜 벗겨지면 소화가 잘 되지 않을 수 있으므로 도정한 보리를 압맥 또는 할맥 등으로 가공하여 이용한다.

밀은 껍질이 질기고 배유가 잘 부스러지기 때문에 밀가루로 가공하여 많이 쓰인다. 밀가루는 쌀보다 단백질의 함량이 많고, 단백질 함량에 따라 강력분(빵, 국수), 중력분(다목적용), 박력분(케이크·과자·튀김) 등으로 쓰인다.

그 외의 곡물에는 기장·조·수수·옥수수·메밀·율무·흑미 등이 있다.

2 두류

콩류는 식물성 단백질의 좋은 급원이며, 대두(콩)나 소두(적두, 팥)에는 사포닌(saponin)이나 안티트립신(anti-trypsin) 같은 유독물질이 들어 있으므로 반드시 가열하여야 한다. 콩·팥·녹두·완두·강낭콩 등을 곡류와 같이 섭취할 경우 곡류의 부족한 단백질 아미노산을 보완하게 되어 단백질 섭취의 효과가 크다.

콩의 가공식품으로 두부는 값이 싸고 쉽게 이용할 수 있고, 또 키워서 나물로 이용하여 반찬의 좋은 재료가 된다. 생콩가루는 밀가루 반죽할 때 섞어 반죽하고, 볶은 콩가루는 떡의 고물이나 미숫가루에 섞기도 한다.

팥은 삶아서 밥할 때에 넣거나 떡고물, 앙금, 팥죽 등으로 이용한다.

녹두는 불려서 갈아 전을 부치고, 키워서 숙주나물로 이용하며, 쌀과 같이 녹두죽을 끓이거나, 녹두녹말을 만들어 청포묵과 편 등을 만들고, 옷 입히는 가루로도 사용한다.

3 서류

감자와 고구마는 열량식품으로 애용되는데, 감자는 단맛이 없어 밥 대신으로 이용하기도 하고, 볶음요리, 튀김요리, 부침으로 사용하며, 감자녹말을 만들어 이용한다. 감자의 경우 푸른 껍질과 눈에는 솔라닌이라는 유독성분이 들어있으므로 싹이 틀 무렵인 겨울과 봄철에는 감자의 싹이 난 부분이나 푸른 껍질을 잘 벗겨 먹도록 해야 한다.

고구마는 단맛이 많아 밥 대신으로 하기 어려운 단점이 있다.

4 채소류

채소는 국, 찌개, 김치, 생채, 나물, 장아찌 등의 재료로 흔히 사용되는 식품이며, 보관 중에도 호흡작용에 의한 수분증발과 유기산의 축적으로 그 질과 신선도가 떨어지므로 구입한 채소는 신선할 때 섭취해야 한다.

채소는 색에 따라 녹황색 채소와 담색 채소로 나뉜다. 녹황색 채소로는 시금치, 깻잎, 아욱, 근대, 상추, 쑥갓, 당근, 토마토 등이 있고, 담색 채소로는 배추, 무, 콩나물, 숙주나물, 파, 마늘 등이 있다. 채소를 조리하면 섬유소가 연화되고 부분적으로 소화되어 맛도 향상되고 소화도 용이해진다.

채소를 삶을 때 중조를 넣으면 푸른색은 유지되나 조직이 물러지고 비타민 B_1(티아민)이 파괴되므로, 1~2%의 식염을 가라는 것이 좋다. 조리하는 물의 양에 따라 영양소 손실에 큰 차이가 있으며 물의 양을 많이 할수록 수용성 영양 성분의 유출이 많다. 채소를 삶을 때 뚜껑을 덮고 삶으면 조리시간이 단축되고 영양소의 손실이 적으나, 휘발성 유기산의 용출로 인하여 수용액을 산성으로 만들므로 녹색채소를 갈변시킨다. 그러므로 녹색 채소를 삶을

때는 반드시 뚜껑을 열고 삶아야 한다.

잎·줄기 채소에는 시금치·상추·배추·근대·쑥갓·부추·아욱·양배추·미나리·파 등이 있고, 뿌리채소에는 무·토란·당근·양파·연근·마늘 등이 있으며, 열매 채소에는 오이·호박·가지·고추·토마토 등이 있다.

이 밖에 야생하는 식용 채소로는 죽순·도라지·더덕·쑥·두릅·씀바귀·질경이·달래·비름·취·냉이·돌미나리 등이 있다.

5 버섯류

버섯은 표고버섯·느타리버섯·송이버섯·팽이버섯·목이버섯·석이버섯·싸리버섯·능이버섯 등이 있다. 이 중에서 표고버섯·목이버섯·느타리버섯은 인공재배를 하고 있다. 일광에서 건조하면 버섯 중의 에르고스테린이 햇볕에 의해 비타민 D로 변하고, 광택이나 향미가 좋다. 산적·전골·볶음에 이용하고, 버섯의 독특한 향을 살리기 위해 양념을 많이 하지 않고 조리할 때 가열을 오래하지 않는 것이 좋다.

6 과실류

과일은 유기산(주석산, 사과산, 구연산 등)이 들어 있어 상쾌한 맛이 나며 비타민, 무기염류가 풍부하다. 종류로는 인과류(배, 사과, 감 등), 핵과류(복숭아, 자두, 대추 등), 장과류(포도, 딸기, 바나나 등), 견과류(호두, 은행 등)가 있다. 수박·참외·토마토는 채소류에 속하나 과일로 사용한다.

과일은 주로 생으로 이용하거나, 딸기·복숭아·배 등은 꿀물이나 오미자 국물에 넣어 화채를 만들기도 하고, 술이나 초를 만들기도 한다. 호두·밤·은행·잣·땅콩 등의 견과류는 찜·구절판·신선로·차의 고명·술안주·간식으로 사용한다.

7 육류

육류에는 소고기, 돼지고기, 닭고기, 꿩고기 등이 있는데, 이들은 몸체의 부위에 따라 그 명칭과 용도가 나누어진다.

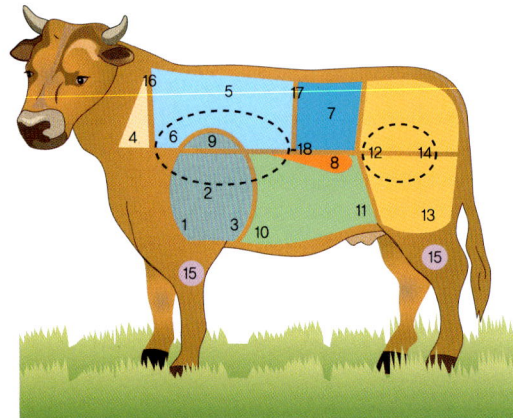

(1) 소고기

육류 중에 가장 많이 음식에 쓰이는데, 소의 부위별 특성에 따라 알맞은 조리방법을 이용하여 다양한 음식을 만들며 고기의 품질은 연령이나 사육법에 따라 많은 차이가 있다.

〈소의 부위별 명칭과 용도〉

부위 명칭	특징	용도
1. 앞다리살	내부에 지방층과 근막이 많기 때문에 연한 부위와 질긴 부위가 서로 섞여 있으며 운동량이 많아 육색이 짙다.	불고기
2. 부채살	앞다리 중앙에 위치하고 있는 마름모꼴 형태의 고기 덩어리로 내부에 스지를 포함하고 있지만 마블링이 좋다.	구이
3. 꾸리살	견갑골 좌측에 고추 모양의 고깃덩어리로 내부에 질긴 스지 덩어리가 있다.	육회
4. 목심살	지방이 적고 근육의 결이 조금 단단하여 굵은 것이 특징이다.	불고기, 국거리
5. 등심살	척추 좌우에 원통 모양으로 위치하고 있으며 마블링이 좋다. 흉추 6번을 경계로 윗 등심과 아래 등심으로 나누어 있다.	스테이크, 구이
6. 살치살	윗등심 바깥쪽에 위치하며 형태와 두께가 일정하며 마블링이 잘 발달되어 감칠맛이 있다.	구이
7. 채끝살	허리부분에 등심과 맞닿은 배채장근으로 육단면적이 크고 부드러워 스테이크 대명사로 불린다.	스테이크
8. 안심살	척추뼈 안쪽에 위치하고 있는 부위로 움직임이 없어 부드러우며 저지방으로 육즙이 많고 결이 비단결처럼 곱다.	스테이크, 장조림
9. 갈비	갈비뼈를 살과 함께 얇게 썰어 상품화한 것으로 육즙과 골즙이 어우러져 농후한 맛을 내며 마블링이 좋다.	구이, 찜
10. 차돌백이	양지 가슴 쪽에서 생산되며 고기다발이 단단한 지방 속에 차돌처럼 박혀 있어 지방과 함께 얇게 썰어 상품화 한다.	구이

11. 치마살	양지 끝부분에 위치하고 있는 주름치마 모양의 부위로 근육 모양이 다발 형태를 이루고 있어 씹을 때 감칠맛을 낸다.	구이
12. 우둔살	뒷다리 안쪽에 위치하고 있는 복숭아 형태의 고깃덩어리로 내부에 스지가 적어 뒷다리 부위 중 가장 연한 부위다.	산적, 육포
13. 도가니살	뒷다리에서 생산되며 둥근 모양으로 여러 가지 근육이 뭉쳐 있으면서도 결이 고운 특성이 있다.	불고기, 카레
14. 홍두깨살	밀가루 반죽하는 홍두깨의 모양으로 원통형 근육 모양으로 다소 질긴 감이 들지만 씹는 맛이 있다.	장조림, 육회
15. 사태살	사골을 감싸고 있는 부위로 운동량이 많아 색상이 진한 반면 근육다발이 모여 있어 특유의 쫄깃한 맛을 낸다.	장조림, 찜
16. 제비추리	목뼈 옆에서 생산되며 다소 거친 편이나 부드러우면서도 고소한 맛을 낸다. 변색이 빠른 편이다.	구이
17. 토시살	횡경막의 일종으로 가운데 스지를 가진 좌우 대칭형에 살코기로 결에 직각으로 썰면 부드러워진다.	구이
18. 안창살	토시와 연결된 횡경 막으로 둘러싸인 근속다발이 가늘고 긴 형태를 이루고 있어 양면에 막을 벗긴 후 상품화 한다.	구이

<소의 내장 특징 및 용도>

부위 명칭	특징	용도
우설	혀로 껍질이 매우 질겨 삶아서 뜨거울 때 벗겨 푹 익힌다. 얇게 썰어 구이로도 사용된다.	편육, 찜, 구이
심장	내장류 중 연하고 냄새가 적으며 맛이 담백하다. 심장은 갈라서 흰색의 힘줄과 막을 없애고 얇게 썰어 조리한다.	구이, 전골
간	균형이 잡힌 우수한 부위로, 영양가가 높고 특유한 냄새가 있어 조리할 때 유의한다. 물 속에서 누르는 듯하게 피를 제거하고 냉동실에 잠깐 넣었다가 꺼내면 얇게 썰어진다. 신선한 것은 생으로 회를 한다.	전유어, 볶음, 회, 전, 구이
콩팥	냄새가 약간 나나 육질이 부드럽고 연하여 조리하기 쉬우며, 갈라서 속에 든 지방과 흰색의 힘줄을 제거한 다음 얇게 썰어 조리한다	구이, 전골, 볶음
양	제 1부위는 양이고, 제 2부위는 벌집양이다. 소금과 밀가루에 바락바락 주물러 깨끗이 씻어 끓는 물에 넣었다가 바로 건져서 검은 막을 긁어내고 조리한다. 벌집양은 살이 두꺼워서 양즙을 하면 좋다	구이, 찜, 전, 곰국, 즙
천엽	소의 제3부위로 얇고 넓으며 검은 막이 켜켜로 되어 있다. 신선한 것은 채로 썰어서 회로 하고, 한 장식 떼어 전을 부친다.	전, 회, 전골, 볶음
곱창	소장과 대장으로 겉의 두꺼운 기름덩어리를 떼어내고 밀가루와 소금으로 주물러 깨끗이 씻어 조리한다.	구이, 곰탕, 찜, 전골
지라	부드럽고 맛이 좋아 설렁탕에는 꼭 넣으며, 끓는 물에 반숙하여 회로 먹기도 한다.	숙회, 설렁탕
곤자소니	소의 창자의 끝부분으로 기름기가 많고 용도가 다양하며, 국이나 찜으로 할 때는 기름기를 잘 제거해야 한다.	국, 찜
허파	씻어서 끓는 물에 삶아 얇게 저며 내어 전을 지지거나, 찜을 할 때에는 여러 차례 찔러서 피를 빼가며 삶은 다음 양념을 해야 한다. 곰국에 넣으면 냄새가 덜 난다.	찜, 전
등골	골은 매우 부드러우며 맛도 연하다. 얇은막은 벗겨 조리하며 신선한 것은 회로 먹으며, 골탕은 백숙으로 하여 보양식으로 이용하면 좋다.	골탕, 전, 적, 전골, 회

(2) 돼지고기

육질이 연하고 분홍색을 띠며 윤이 나는 것이 신선하며, 감칠맛이 있으나 독특한 냄새가 난다. 단백질 함유량은 소고기에 비해 다소 떨어지지만 질적으로 양질의 단백질이며, 비타민 B_1이 소고기의 10배나 들어 있다. 지방은 부위에 따라 다르며 삼겹살 부위는 살코기층과 지방층이 교대로 층을 이루고, 섬유질이 있어 깊은 맛이 나며 우리나라 사람들이 많이 선호한다.

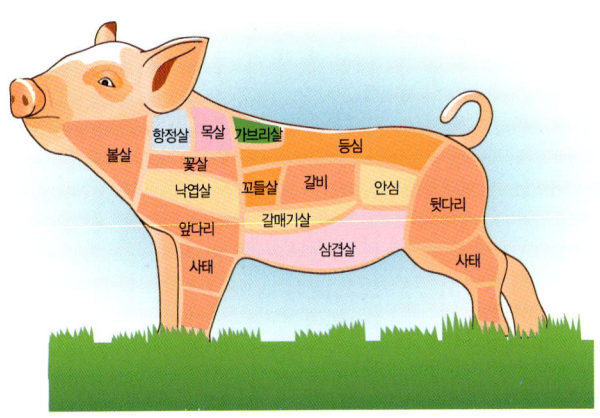

〈돼지고기의 부위별 명칭과 용도〉

부위 명칭	특징	용도
볼살	'뽈살'이라고도 불리는 돼지고기 특수 부위 중 가장 인기있는 부위. 돼지머리에서 떼어낸 아가미살로 양이 너무 적어 구하기가 어렵다. 쫄깃하고 연한 막이 특징이다.	구이
목살	삼겹살 다음으로 인기 있는 부위. 목심, 또는 어깨 등심살이다. 등심에서 목 쪽으로 바짝 다가선 부위로 근육막 사이에 지방이 적당히 박혀 있고, 한 마리당 2.2kg 정도 나온다.	구이, 조림, 찜, 편육
항정살	고급 부위로 '천겹살'이라고도 부름. 지방과 살이 천 겹이나 어우러졌다는 뜻. 한 마리당 400g 정도 나옴.	구이
등심덧살 (가브리살)	'가브리살'로 불리는 돼지고기 특수 부위로 등심 안쪽에서 목에 가까운 부위. '뒤집어 쓰다'라는 일본말 가부루에서 시작. 한 마리당 500g 정도 나오며, 지방이 적고 부드럽다.	구이, 튀김
갈매기살	딸꾹질을 일으키는 횡경막과 간 사이에 있고, 길어서 한눈에 구분하기 쉽다. '가로막살'이 갈매기살로 변한 것으로 근육이 많아 살짝 질긴 특징이 씹는 맛을 더한다.	구이, 볶음
등갈비	최근에 등장한 부위로서 다른 갈비보다 삼겹살에 가까운 쪽에서 떼어낸 부위라 양이 적고 조각조각 떼어 팔아서 '쪽갈비'라고 부른다.	구이, 찜
앞다리살	연한 육질을 자랑하는 살코기, 가장자리에 살짝 지방이 얹어진 부위로 제육볶음에 좋다.	불고기, 찌개
갈비	삼겹살, 등심과 함께 우리나라에서 가장 많이 소비되는 3대 돼지 부위. 구이용 갈빗살과 찜갈비로 나뉜다.	구이, 찜
등심	쫄깃한 맛으로 등갈비 사이에서 떼어낸 부위로 지방이 적은 편이지만 고소하다. 가장자리에 지방이 둘러져 있다. 돈가스, 탕수육용으로 쓰인다.	튀김, 볶음
안심	뒷다리살과 함께 지방이 가장 적은 부위로 기름기가 없어 담백하다.	튀김, 구이
삼겹살	우리나라 돼지고기 소비량 1위. 지방이 많아 부담스럽지만 직화구이를 좋아하는 우리 식습관에 적당하다.	구이
사태	다리 근육을 지칭. 가장 큰 부분은 '아롱사태'라 부름. 운동량이 많은 부위로 지방이 적고 고기 결이 거칠어 구이용으로 적당치 않고 오래 삶으면 특유의 담백하고 쫀득한 맛이 살아나 장조림, 수육에 적당. 비타민 함량이 높고 지방이 적다.	찜, 수육

(3) 닭고기

소고기나 돼지고기에 비해 섬유질이 가늘고 연하여 육질이 부드럽고, 지방이 적어 맛이 담백하고, 소화흡수가 용이하며, 껍질의 색이 크림색이며, 윤기가 있고, 털구멍이 울퉁불퉁하게 튀어 나온 것이 신선하며, 다양한 조리법으로 이용하고 있다. 색이 전체적으로 너무 흰 것은 피하는 것이 좋고, 껍질에 주름이 잡혀 있거나, 메말라 보이는 것, 축 늘어진 것, 꺼칠하게 말라 보이는 것은 오래된 것이므로 피하는 것이 좋다. 특히 가슴살은 지방이 없고 연하여 다이어트 식품으로 좋다.

〈닭의 부위별 명칭과 용도〉

부위 명칭	특징	용도
통닭	통닭에 적합한 무게는 1.1~1.3kg 정도의 것이 어느 부위나 부드럽고 연하다.	구이, 백숙
다리	색이 붉고 물기와 기름기가 많아 맛이 좋다.	튀김, 조림, 구이
날개	운동을 많이 한 부분이어서 살은 적으나 지방과 콜라겐이 많고 물기가 많아 맛이 좋다.	튀김, 찜
가슴살	색이 희고 지방이 거의 없어 팍팍하고 맛이 담백하다.	튀김, 찜, 구이
목과 등	목과 등 부분이 살은 적으나 지미성분이 많다.	육수
닭발	오래 끓여 육수를 만들고, 삶아서 양념해 무친다.	육수, 볶음, 조림, 구이
모래집	내장 중 위의 한 부분으로 질기지만 갈라서 뒤집어 안쪽의 노란색의 주머니를 떼어내고 만든다.	구이, 튀김, 볶음, 조림

8 어패류

삼면이 바다이고 갯벌이 있는 서해안과 한류와 난류가 만나는 동해안은 어장으로 계절마다 어패류가 다양하다.

어류로 봄철에는 조기·가자미·병어·숭어·준치·삼치·뱅어·가오리·꽃게·대합조개·피조개·해삼 등이, 여름철에는 꽁치·고등어·갈치·민어·뱀장어·소라·전복·홍합·바지락 등이, 가을철에는 삼치·방어·연어·도루묵·농어·꼬막·오징어 등이 많이 나고, 겨울철에는 대구·명태·다랑어·정어리·참돔·양미리·문어·낙지·굴 등이 많이 난다.

패류에는 전복·홍합·모시조개·굴·대합·맛살 등이 있고, 갑각류로 게·새우·가재 등이 있으며, 가열하면 껍질이 적색으로 변하는 특징이 있고 맛도 좋다.

생산의 조리에서 가장 중요한 요건은 어취를 해소하는 것으로써 그 방법으로는 물로 씻기, 식초나 과즙(레몬즙), 산 첨가하기, 간장, 된장, 고추장, 파, 무, 생강 첨가 등이 있다. 어취 해소로 흔히 사용되는 파, 마늘, 생강은 휘발성이므로 거의 익은 후에 첨가하는 것이 어취 해소에 가장 좋다.

9 해조류

바다의 식물인 해조류에는 식용으로 하는 것으로 녹조류에 파래, 갈조류에 다시마·미역, 홍조류에 김 등이 있다. 비타민과 무기질이 풍부하고 칼로리가 적어 건강식품으로서 생 것은 생채·국·전·무침·쌈 등의 음식으로 사용되며, 마른 것은 구이·국·튀각·국물을 내는 데 이용한다.

10 알류

달걀·메추리알·오리알 등이 있으며, 삶거나 찜·수란·조림·전유어를 부칠 때 씌우는 재료로 이용한다. 그리고 달걀은 흰자와 노른자로 지단을 부쳐 고명으로 이용하고, 국물음식에 달걀을 풀어 넣어서 많이 이용한다.

8 식품의 계량

　맛있는 음식을 조리하려면 같은 맛을 낼 수 있도록 식품재료를 잘 배합하고, 정확하게 계량하기 위해서는 정확한 무게와 적합한 계량도구를 사용하며, 올바른 사용방법과 온도와 가열시간을 정확히 알 필요가 있다. 식품의 계량 방법 중 고체로 된 것은 중량으로 하고 분상이나 액상으로 된 것은 부피를 측정하는 것이 올바른 계량측정이라 할 수 있고, 중량을 측정할 때는 자동저울을 사용하며, 부피는 계량컵과 계량스푼을 사용하여 측정한다.

1 계량도구

(1) 저울

　중량을 측정하며, g, kg으로 표시한다. 수평으로 놓고 눈금은 정면에서 읽으며, 바늘은 0에 고정시켜야 한다. 저울은 이동시킬 때에는 몸체를 들어 이동해야 하고 사용하지 않을 때는 저울접시 위에 아무 것도 올려놓지 않는다.

(2) 계량컵 · 계량스푼

　계량컵은 부피를 측정하며, 200mL가 기본 단위이고, 계량스푼은 양념류의 부피를 측정하며 Ts(Table spoon), ts(tea spoon)로 표시한다. 물이나 기름이 묻지 않은 상태에서 사용해야 하며, 보통 계량컵 1컵은 커피잔 1잔, 계량스푼 1큰술은 밥 수저 1술 정도의 분량(정확히 2작은술) 정도이다.

(3) 기타 계량도구

　시간을 재는 타이머와 튀김 시 기름의 온도를 측정할 때 필요한 온도계, 비중을 재는 염도계가 있다.

2 계량단위

- 1컵(cup) = 1C = 물 200mL = 약 13큰 술+1작은술
- 1큰술(Table spoon) = 1Ts = 약 15cc(g) = 3작은술
- 1작은술(tea spoon) = 1ts = 약 5cc(g)
- 1주발 = 약 4컵 정도
- 1돈 = 3.75g
- 1근 = 375g(채소, 과일, 밀가루) = 600g(육류, 설탕, 마른고추)
- 1홉 = 200cc
- 5홉 = 소(小)두 1되
- 10홉 = 대두 1되
- 1되 = 2,000cc = 2L = 10홉
- 1관 = 3.75kg
- 1가마 = 10말 = 80kg
- 1말 = 10되 = 20L = 16kg
- 1oz(온스) = 30g
- 1Lb(파운드) = 454g = 약 16oz(온스)
- 1G(gallon, 겔론) = 4qt(quart, 쿼터)

3 계량방법

(1) 가루 종류

밀가루와 같은 입자가 작은 재료는 측정하기 전에 덩어리지지 않게 체로 쳐서 누르거나 흔들지 않고 계량용기에 담아 수평으로 깎아 잰다.

(2) 액체류

우유나 기름과 같은 액체로 된 재료는 유리와 같이 투명한 계량도구를 사용하여 액체 표면의 아랫부분을 동일하게 눈과 맞추어 읽는다.

(3) 수분함량이 있는 식품류

흑설탕·된장·고추장과 다진 고기 등은 계량도구에 담아 빈틈없이 눌러 채워서 수평으로 깎아 계량한다.

(4) 고체지방류

저울을 이용하는 것이 정확하며, 계량컵 등으로 이용할 때는 실온에서 부드러워졌을 때 눌러 담아 수평으로 깎아서 계량한다.

9 전통음식의 분류

1 통과의례음식

통과의례는 인간의 출생에서 죽음까지 생의 전과정을 통해 겪게 되는 중요한 고비를 의미 있게 하려는 의식으로, 각 의례에는 의식과 더불어 음식이 차려지게 마련이다. 아기가 태어나기 전 아기의 건강과 복을 비는 삼신상에서부터 태어난 후 백일상, 돌상, 혼례 시의 동뢰상, 폐백상, 60회째 생신에 회갑상, 죽은 후의 제사상 차림 등을 들 수 있다. 이들 의례에는 각각 고유의 규범화된 의식이 있고, 그 의식에는 음식이 따르는데, 각 의례음식에는 의례를 상징하는 특별한 양식이 있다. 우리나라에서 전통적으로 거행하는 통과의례는 출생·삼칠일·백일·첫돌·관례·혼례·회갑·희년·회혼례·상례·제례 등이며, 여기에 따르는 음식은 다음과 같다.

(1) 백일

아기가 태어나 100일째 되는 날을 백일이라고 불렀다. 그리고 이 날에는 백설기와 수수떡·인절미 등을 준비해 축하한다. 우리나라에서 100이란 숫자는 완전한 수 또는 성숙한 수라는 개념으로 사용되었다. 게다가 백일은 아기와 산모에게 삼칠일 다음으로 위험한 고비라고 여겨 100일이 지나야 아기와 산모 모두 세상살이를 위한 준비를 마쳤다는 의미로 축하잔치를 한다.

이 날은 아기를 위한 백일상이 차려지고, 주변 사람들은 아기에게 필요한 선물을 하여 백일을 무사히 넘긴 데 대한 경하와 함께 앞으로 건강하게 자라라는 의미의 축복을 한다. 백일상에는 백설기, 붉은 팥고물 찰수수경단, 오색송편이 오른다. 이때의 백설기는 삼칠일의 백설기와 같은 신성의 상징적 의미가 있고, 붉은 팥고물을 묻힌 찰수수경단은 아기로 하여금 액을 면하게 한다는 의미가 있다 이는 그동안 산신의 보호 아래 두었던 아기를 이 날을 기점으로 속계로 돌아가게 한다는 뜻도 있다.

이 밖에 오색송편은 평상시에 만드는 송편보다 작은 모양으로 예쁘게 5가지 색을 물들여 만드는데, 오색은 오행·오덕·오미와 같은 관념으로 '만물의 조화'라는 뜻을 담고 있다. 한편 백일떡은 삼칠일의 떡과 달리 되도록 여러 집으로 돌려 나누어 먹는다. 백일떡은 백 집과 나누어 먹어야 아기가 장수하고, 큰 복도 받게 된다는 생각에서 비롯되었다고 하는데, 이 때문에 백일떡을 받은 집에서 빈 그릇을 그대로 보내지 않고 반드시 흰 무명실이나 흰쌀을 담아 보내는 풍속이 전해진다.

(2) 첫 돌

아기가 태어나서 만으로 한 해가 되는 아기의 첫 생일을 첫 돌이라 하며, 돌상을 차려주고, 돌잡이를 시키며, 손님을 초대하여 축하를 해 준다.

아기 첫 돌의 의미는 아기의 첫 생일임과 동시에, 산모의 몸이 완전히 회복되었음을 알리는 것이다. 아기는 세 번째의 위험한 고비를 무사히 넘겼고, 산모 역시 해산 1년이 지났으므로 몸의 모든 기능이 완전히 회복되었다고 보아서 이를 축하했다.

> ▶ **돌상차림**
>
> 아기를 위해 새로 마련한 밥그릇과 국그릇에 흰밥과 미역국을 담아 놓고 푸른나물과 과일 등도 준비한다. 떡은 백일 때와 마찬가지로 백설기와 붉은 팥고물 찰수수경단 및 오색송편을 준비하고, 집안에 따라서는 대추·밤 등을 섞은 설기떡을 만들기도 한다.
>
> 이들 음식들과 함께 돌상에는 쌀·흰타래실·책·종이·붓·활과 화살(돌쟁이가 여자일 경우는 활과 화살 대신 가위, 바늘, 대나무자) 등을 놓고, 돌상 앞에는 무명필을 놓고 그것을 방석삼아 아기를 앉혀 놓으며, 돌쟁이로 하여금 마음대로 집도록 하는 의식이 행해진다. 이를 '돌 잡힌다'고 하는데, 이것으로 어린이의 장래를 점쳐 보기도 한다. 무명실과 국수는 장수를 위해서, 쌀은 먹을 복, 대추는 자손 번영, 종이와 붓은 학문이 탁월하기를 기원하고, 여아는 대나무자와 청홍실을 놓아 바느질에 능하기를 기원한다. 또 돌에 수수경단을 해 먹이는 풍속은 빨간색이 액을 물리치며 낙상하지 않고 건강하게 자란다는 토속적인 믿음에서 비롯한 풍습이다. 돌에는 잔치를 하고, 해마다 생일에는 조촐한 생일상을 차려 집안 식구들끼리 그 날을 기념한다. 이 때에도 생일떡을 반드시 만들며, 10살 이전까지는 붉은 팥고물 찰수수경단을 빠뜨리지 않는다.

(3) 관례 · 성년례

아기가 자라 성인이 되면 관례를 치르는데, 이를 성인식이라 한다. 전에는 남자 20세, 여자 15세가 되면 성인대접을 받았다. 주례자가 성인이 되는 것과 벼슬을 하는 것을 가르치고, 식이 끝나면 사당에 고하고 술잔을 올린다.

관례의식으로 남자는 상투를 짜고, 여자는 쪽을 찐다. 보통 결혼 전에 하는 예식으로 15~20세 때 행하는 것이 원칙이나, 부모가 기년 이상의 상복이 없어야 행할 수 있다. 또 관자가 『효경』, 『논어』에 능통하고 예의를 대강 알게 된 후에 행하는 것이 보통이다. 옛날 사람들은 이 관례를 혼례보다 더 중요하게 생각하였으며, 미혼이더라도 관례를 마치면 완전한 성인으로서의 대우를 받았다.

음력 정월 중의 길일을 잡아 행하는데, 관자는 예정일 3일 전에 사당에 술과 과일을 준비하여 고하고, 친구 중에 덕망이 있고 예를 잘 아는 사람에게 빈이 되기를 청하여 관례일 전날에 자기 집에서 유숙하게 한다. 당일이 되면 관자·빈·찬(빈을 돕는 사람)과 그 밖의 손님들이 모여 3가지 관건을 차례로 씌우는 초가·재가·삼가의 순서가 끝나고 초례를 행한 뒤 빈이 관자에게 자를 지어 준다. 예식이 끝나면 주인(관례의 주재자)이 관자를 데리고 사당에 고한 다음 부모와 존장에게 인사를 하고 빈에게 예를 행한다.

　관례는 동양사회에서 20세가 되는 남자에게 성인으로 인정하면서 아명을 버리고 자를 지어주는 의식이다. 남자가 관례를 마치면 아명(兒名)을 버리고 평생 쓸 자(子)와 호(號)를 가졌으며, 결혼할 자격과 벼슬길에 오를 권리도 갖게 된다. 그 유래는 중국 전설시대의 황제 때부터 있어 왔고, 주나라 때는 오늘날의 관례와 거의 같은 관례가 정착되어 그 절차가 『의례』의 사관례법에 상세히 실려 있다. 우리나라에서 관례식은 고려·조선시대의 선비사회에서 필수적으로 실시되었다.

　현대에 와서는 성년의 날 행사는 5월 셋째 월요일에 행하여진다. 의식이라고는 하지만 실상 직장에서 이 날을 기해 20세가 된 사원을 격려하는 모임을 가지거나, 성년이 된 자녀가 있는 가정에서 자축하는 정도이다.

(4) 혼례

　혼례는 남녀가 부부의 인연을 맺는 일생일대의 중요한 의식으로서, 예전에는 육례라고 하여 여섯 단계로 되어 있었다.

　우선 납폐의식에서 혼서와 채단이 담긴 함을 받기 위하여 신부집에서 만드는 봉채떡이 있다. 이 떡은 흔히 '봉치떡'이라고도 하는데, 찹쌀 3되와 붉은 팥 1되로 시루에 2켜만 안쳐 윗켜 중앙에 대추 7개를 둥글게 모아 놓고 함이 들어올 시간에 맞추어 찐 찹쌀시루떡이다. 이때 주재료를 찹쌀로 하는 것은 부부의 금실이 찰떡처럼 좋으라는 뜻이며, 7개의 대추는 아들 7형제를 상징하고, 떡을 2켜로 하는 것은 부부 한 쌍을 의미한다. 함이 들어올 시간이 가까워지면 신부집에서는 대청에 북향으로 자리를 편 다음 다상을 놓고 상 위의 붉은 색의 보를 덮은 뒤 그 위에 떡을 시루째 놓고 기다린다. 함이 도착하면 함을 시루 위에 놓고 북쪽을 향해 두 번 절을 한 다음 함을 연다.

　혼례식에 반드시 만드는 떡으로는 달떡과 색떡이 있다 이 떡들은 혼례를 행하는 의례상, 곧 동뢰상(同牢床)에 올리는 것이다. 동뢰상 맨 앞줄에는 대추·밤·조과를 각각 두 그릇

씩 배설(排設)한 다음, 그 뒷줄에 황색 대두 두 그릇, 붉은 팥 두 그릇, 달떡 21개씩 두 그릇을 놓고, 색편으로 암수 한 쌍의 닭 모양을 만들어 수탉은 동쪽에, 암탉은 서쪽에 각각 배설한다. 이때 만드는 달떡은 둥글게 빚은 흰절편으로 보름달처럼 밝게 비추고 둥글게 채우며, 잘 살도록 기원하는 의미가 담겨 있고, 색편은 여러 가지 색물을 들여 만든 절편인데, 이것으로 만든 암수 한 쌍의 닭은 부부를 의미한다.

혼례 때에 신부집에서 신랑·신부가 상견례를 할 때 차리는 상을 혼례상이라 하는데, 교배상(交拜床)이라고도 한다. 이때에 쓰이는 상은 다리가 높은 상으로 상 위에서 소나무와 대 또는 사철나무 한 쌍을 병에 꽂아 놓는다. 양푼에 목화씨를 담고 여기에 꽂는 경우도 있는데, 소나무와 대나무는 송죽 같은 굳은 절개를 지킨다는 뜻이다. 청색·홍색의 초 한 상을 양쪽에 켜고 암탉과 수탉 산 것을 홍색 보자기에 사서 상 끝에 올려놓거나 사람이 안고 서 있는다. 음식은 과실로는 밤·대추·곶감 또는 사과·배 같은 것을 차리고 육포도 놓는다. 청색은 신부쪽, 홍색은 신랑쪽의 색이고, 밤과 대추는 장수와 다남(多男)을 상징한다. 곡식으로는 쌀·콩·팥 같은 것을 놓는다. 닭 대신에 숭어를 한 쌍 놓기도 한다. 혼례가 끝나면 신랑·신부에게 고배상(高排床)을 차려 축하해 준다. 손님에게는 국수장국을 대접한다.

'폐백'은 신부가 신랑 부모님께 인사를 드리고 처음으로 드리는 음식으로, 내용은 가풍이나 지방에 따라 다르다. 서울지방은 대개 대추·소고기·편포로 하고, 편포 대신에 통닭을 쪄서 쓰기도 한다. 쟁반에 포를 담고, 청·홍색지로 실을 두르며, 다른 그릇에는 대추를 모두 홍실에 쭉 이어서 꿰어 둥글게 돌려 담는다. 청보와 홍보로 각기 싸서 묶지 않고 '근봉(謹封)'이라 쓴 띠를 굵은 고리로 하여 끼운다.

혼례를 치른 후 친정집에서 시댁으로 갈 때 친정어머니가 시댁에 보내는 음식을 이바지 음식이라 하는데, 친정에서 음식을 해 보내면 시댁에서도 그에 대한 보답으로 얼마간의 음식을 해 보내어 사돈 간의 정을 주고받는 아름다운 미덕을 느낄 수 있는 풍습이다. 이바지 음식은 그 집안의 솜씨와 가풍이 드러나는 것으로, 집안에 따라 음식의 가지 수와 조리법은 다르지만, 이바지음식의 기본사항은 떡·과일·약식·고기·밑반찬 등이다. 여기에 다른 특별한 음식을 더 추가하기도 한다.

(5) 회갑

혼례를 치루고 자식을 낳아 기르며 살아가다 나이 61세에 이르게 되면 회갑을 맞는다. 회갑은 자기가 태어난 해로 돌아왔다는 뜻으로 '환갑'이라고도 하고, '화갑'이라고도 한다. 60세가 되면 자손들은 과실·떡·과자 같은 것으로 고배상을 차리고 헌주하며, 손님에게는 국수장국을 대접한다. 부모도 따로 국수장국상(임매상)을 받는다. 진갑이라 하여 62세 때도 축하연을 한다.

회갑연을 위해 마련되는 상차림은 큰 상이라고 하여 여러 가지 음식을 높이 고여서 담아 놓으며, 한국의 상차림 중에서 가장 화려하고 성대하다. 혼례·희수연 등에도 이러한 큰 상이 차려진다. 큰 상차림은 가문이나 계절에 따라 약간 차이가 있기는 하지만, 대개 과정류·사탕류·생실과·건과·떡·편육·저냐 등을 30~70cm 높이의 원통형으로 괴어 색상을 맞추어 배열한다. 이들 음식 중에서도 떡은 중요시되어 흔히 갖은 편이라 일컫는 백편·꿀·승검초편을 만든다. 만든 편은 직사각형으로 크게 썰어 직사각형의 편틀에다 차곡차곡 높이 괸 다음에 예쁘게 만든 화전이나 잘게 빚어 지진 주악과 각종 고물을 묻힌 다음 웃기로 얹는다. 또한 인절미 등도 만들어 층층히 높이 괸 다음 주악·부꾸미·단자 등을 웃기로 얹어 아름답게 꾸민다. 이 밖에 예전에는 색떡이라 하여 절편에 물감을 입혀 빚어 나무에 꽃이 핀 모양으로 만든 모조화를 장식하기도 했다. 한편 큰 상에 높이 괴었던 떡들은 잔치가 끝난 다음 서로 나누어 먹는다.

2 궁중음식

(1) 궁중음식의 배경

궁중은 한 나라의 지존을 모시는 곳이므로 평범한 일상식이라도 좋은 재료와 좋은 솜씨가 하나가 되어 최고의 음식을 만들어 왔다.

궁중음식의 문헌자료는 조선 초기에는 『경국대전』이 있으나 세부적인 식재료·조리법·식사예절 등은 알 수 없고 관아의 직제와 사무규정만 기록이 남아 있다. 그러다가 1600년 이후 『진찬의궤』·『진연의궤』등의 의궤와 『궁중의 음식발기』·『왕조실록』 등의 문헌을 통해 의례의 상세함과 특히 기명, 조리기구, 상차림 구성법, 음식의 이름과 재료 등을 잘 알 수 있다.

이러한 궁중음식은 현재의 호텔과 비교해 볼 때 양식·일식·중식·한식을 따로따로 만들어 연회장으로 모이는 것처럼 궁중에서는 음식을 한 곳에서 만드는 것이 아니라 중전·대비전·세자빈전 등의 각 전각에 주방상궁이 배치되어 수십 명의 상궁들이 심혈을 기울여 만든 특별한 음식이라 할 수 있다. 음식을 만드는 부서로는 생과방·소주방이 있는데, 생과방은 평상시의 수라와 음료·과자 등의 다과류를 만들고, 소주방은 내소주방과 외소주방으로 나눠서 내소주방은 조석 수라와 거기에 따르는 찬품을 맡았고, 외소주방은 잔치음식을 차렸다. 이 밖에 잔치를 위하여 임시로 설치하는 숙설소가 있었다. 이런 특별한 음식이 전해지게 된 배경도 나라의 경사가 있을 때 차린 어상의 음식들은 축하연이 끝나면 종친이나 당상관의 집으로 보내져 궁중음식이 양반집으로 전해지게 되었고, 전해진 음식이 더욱 여러 모양으로 변화되어 서민 가정으로까지 퍼져 나갔다. 민가에서 혼례나 회갑 때 고배 상차림을 하는 것도 궁중연회의 고배상 차림이 전파된 것이다.

궁중음식이 한국음식의 정수(精秀)라고 할 수 있는 것은 각 고을에서 들어오는 진상품을 가지고 조리기술이 뛰어난 주방상궁과 대령숙수(待令熟水)들의 손에 의해 최고로 발달되고 가장 달 다듬어져서 전승되어 왔기 때문이다. 궁중음식이 사대부집이나 평민들의 음식과 판이하게 다른 것은 아니다. 이는 우리나라에서의 동성동본이 결혼을 하지 않은 혼인의 관습에서 기인한다. 궁중에서 혼인도 왕족끼리가 아닌 사대부(士大夫)가와 인연을 맺게 된다. 계급사회인 왕권국가에서의 궁중이란 최고의 권위와 부(富) 및 권력이 집중되어 있다고 할 수 있다. 궁중의 생활양식을 비롯한 모든 문화는 혼인에 의해 자연히 왕족과 사대부가와의 교류가 생긴다. 경우에 따라서는 궁중의 음식이 민가에 하사되고, 사대부가에서도 음식을 궁중에 진상하게 된다. 그리고 음식뿐만 아니라 의례 때의 차림새나 예법도 민간에 많이 전해지게 되었다. 음식의 교류는 잔칫날 이 상에 괴었던 음식이 하사품으로 큰 몫을 하였다. 조선시대 후기에는 음식의 재료도 더욱 다양해지고 상차림도 체계를 이루어 한국 고유의 전통음식이 정착되었다.

(2) 궁중의 명절과 시절식

절식(節食)은 다달이 끼여 있는 명절에 차려 먹는 음식이고, 시식(時食)은 춘하추동 계절에 나는 식품으로 만드는 음식을 통틀어 말한다. 조선시대의 명절음식단자와 종묘·가묘에 천신하는 품목단자를 살펴보고, 또 1년 열두 달 세시풍속을 알아보는 것은 한국음식의 바탕

을 아는 데 도움이 되며, 한국식문화연구의 중요한 자료가 된다.

궁중의 사대명절은 왕의 탄일(誕日), 정조(正朝), 망월(望月, 정월보름), 동지(冬至)이다. 민가에서 예부터 명절로 삼아 온 한식·단오·추석·동지는 계절의 문호로 삼아 새 계절복을 갈아입는 외에는 별로 다른 의미가 없었다고 한다. 정조에는 하례를 받으시고 잔치를 베풀지만, 단오와 추석에는 특별히 차리지 않는다. 오히려 여염집과 농가에서 큰 명절로 삼고 많이 차리고 즐긴다. 춘하추동의 시식의 풍습은 궁이나 서울이나 시골이나 같았다.

『경국대전』에 의하면 "조의(朝議)를 정조, 동지, 성절(聖節: 왕의 생일), 천추절(千秋節: 왕세자의 생일)에는 왕이 왕세자 이하를 거느리고 망궐례(望闕禮)를 행한다"고 하였으니 이것이 명절날의 하례식이다.

정조, 동지, 초하루, 보름, 왕과 왕비의 탄일에는 왕세자와 백관이 조하(朝賀)한다. 초하루와 보름에는 단지 왕에게만 조하한다. 지방관은 각각 봉임하고 있는 곳에서 진하(進賀)한다. 매월 5일·11일·21일·25일 백관이 조참(朝參)한다고 하였다.

(3) 궁중의 일상식

궁중에서의 평일에는 대전·중전·대비전·대왕대비전에 각 분마다 아침·저녁의 수라상과 이른 아침의 초조반상(初朝飯床), 점심의 낮것상 등 네 차례의 식사가 있다. 탕약을 드시지 않는 날에는 이른 아침 7시 전에 초조반을 죽이나 응이·미음 등의 유동식을 기본으로 젓국·찌개·동치미 및 마른 찬을 차리는 간단한 죽상을 마련한다. 아침수라는 10시경, 저녁수라는 오후 5시경에 내며, 낮에는 낮것상이라 하여 면상이나 다과상을 차린다.

수라상은 12첩 반상 차림으로 반가의 9첩이나 7첩반상 차림보다 가짓수가 많을뿐만 아니라 식사예법도 까다로운 편이다. 궁중의 일상적인 음식은 주방상궁들이 담당한다.

가. 초조반상

초조반상에는 쌀에 잣이나 깨·채소·고기 등을 넣어 여러 가지 죽을 만들고, 국물이 많은 물김치류, 소금이나 새우젓으로 간을 한 맑은 조치, 그리고 마른 찬 두 세 가지를 함께 낸다.

나. 수라상

평상시의 아침과 저녁 진짓상을 수라상이라 하며, 밥과 찬품으로 구성한다.

① 상과 기명

수라상에 사용되는 기명은 겨울에는 은반상기를, 여름에는 사기반상기를 쓰며, 수저는 사철 내내 은(銀)으로 만든 것을 사용한다. 은은 독물이 닿으면 변색이 되어 미리 위해를 막을 수 있다.

상에 올리는 그릇들은 모두 같은 문양과 재질로 된 것을 사용한다. 주발, 갱기(탕기), 조치보는 같은 모양이지만, 크기가 대·중·소(大·中·小)로 겹치는 한 틀이 된다. 예외로 토장조치는 뚝배기에 올리는 경우도 있다.

상은 붉은 색의 주칠을 한 대원반과 소원반 그리고 책상반의 세 개를 한 번에 차리고, 전골을 끓이기 위해 화로와 전골틀을 준비한다.

② 반배법

대원반 앞줄의 오른쪽에 국, 왼쪽에 수라를 놓는다. 곁상에 놓은 홍반(붉은 팥찰밥)과 곰국은 원하면 백반과 곽탕을 내리고 바꾸어 놓는다.

대원반의 오른편에 수저 두 벌을 놓고, 국을 내리고 차수를 올릴 때에 한 벌을 치운다. 곁반의 수저 두 벌은 기미상궁이 기미하거나 음식을 진 공기나 접시에 덜 때 쓰며, 책상반의 수저는 전골상국이 전골을 만들 때에 쓴다. 이때 저는 상아로 된 것이다.

토구는 뚜껑이 달린 오목한 그릇으로 비아통이라고도 한다. 음식을 먹다가 입에서 넘기지 못하는 뼈가시 등을 담는 그릇인데, 애원반의 왼편 끝에 놓는다.

음식의 간을 맞추는 청장, 젓국과 별찬을 찍어 먹는 초고추장, 겨자집 등을 담는 종지는 밥과 국의 바로 다음 줄에 놓는다.

더운 음식과 손이 자주 가는 회나 김구이와 국물이 있는 국·찌개·물김치 등은 오른편에 놓고, 젓갈·밑반찬은 상의 왼편에 놓는다.

따뜻한 음식인 찜·구이, 별찬인 회수란은 곁에 두었다가 적절한 때에 대원반에 올린다.

궁중 일상식에 관한 문헌은 많이 남아 있지 않으나, 1795년 정조(正祖)가 모후인 혜경궁 홍씨(사도세자빈)의 갑년(회갑)에 수원행궁에 모시고 나가 진찬한 기록에서 자세히 알 수 있다.『원행을묘정리의궤』라는 문헌이 그것이다.

이 책에는 왕의 일행이 한성 경복궁을 출발하여 환궁하기까지 대접한 식단이 자세히 기록

되어 있다. 아침·점심·저녁 수라, 다소반과, 죽·미음 등 주식에 따른 상차림 구성과 다과상차림을 알 수 있다. 매일 아침·점심·저녁·밤·식간에 드리는 것도 다양하고, 특히 중로에서 고음·응이상을 올리면서 정과나 전약을 같이 놓는 것도 특이하다.

③ 시중들기

- 상이 다 차려진 후 왕이 납시게 되고, 왕이나 왕비가 대원반 앞에 정좌를 하면, 수라상궁은 쟁첩의 뚜껑을 두 손으로 차례로 겹쳐서 소원반에 내려 놓는다.
- 기미상궁은 빈 그릇의 음식을 덜어 기미한 후에 "젓수십시오"라는 말을 드린다.
- 수라를 드실 때는 휘건(고운 무명수건)을 두도록 하고, 협자로 잘 끼우며, 수라를 젓수시는 동안 전골을 뜨겁게 마련하여 기에 덜어서 드린다.
- 국을 다 드시고 나면 탕기를 내리고 차수(숭늉)을 올린다.
- 수라상이 퇴선간으로 나가면 남은 음식은 상궁들 다음 끼니에 두레반에 차려 밥을 새로 지어서 먹는다.

3 향토음식

향토음식이란 그 지방에서 산출되는 재료를 그 지방의 조리법으로 조리하여 과거로부터 현재에까지 그 지방의 사람들이 먹고 있는 그 지방만의 특유한 음식이라 할 수 있다. 오늘날 세계화·국제화에 따라 식재료나 요리의 기술도 다양화되어 향토음식에 대한 명확한 학술적인 정의는 내리기는 어렵지만 대체로 그 명칭에서 알 수 있듯이 그 지방 사람들이 즐겨먹는 음식이라고 이해되며, 일반적인 전통음식 개념보다 협의의 개념이라 할 수 있다. 그러므로 향토음식은 그 지방의 대료로 그 지방의 조리법으로 조리하여 타지방과 차별화된 음식이라 할 수 있겠다.

향토음식은 그 고장의 자연환경과 역사적·사회적 환경에 영향을 받으며 정착된 그 지역의 고유한 토착음식을 말하는 것으로, 풍토적 특성과 역사적 전통이 있으며, 그 고장이 아니면 만들어질 수 없는 특별한 맛을 가지므로 향토문화의 격조를 대변한다고 할 수 있다.

체험적 합리성이 깊어 그 지역의 생산물과 역사적 경험과 기후에 따른 저장방법이 달리 형성된다. 우리는 예로부터 풍토에 순응하는 식생활이 건강에 기여하며 경제적으로 여겨 몸과 땅이 하나라는 신토불이(身土不二)의 원칙으로 생활하여 향토적 음식문화를 형성하여 왔다. 따라서 각 지방마다 특색 있는 향토음식이 생겨나게 되었다.

또한 향토음식은 각 지역의 생활환경을 반영하면서 자연발생적으로 이루어진 가정요리가 발달된 것으로 소박한 멋을 지니고 있다고 할 수 있다. 따라서 향토음식은 그 지역의 전통문화를 잘 나타내 주는 것으로 전승의 가치가 있으며, 확대·발전 시켜야 할 필요성이 있다. 더욱이 세계화·국제화 시대에 그 지역의 기후·풍토에 뿌리를 두고 그 지역의 토지에서 생산된 식품재료로 만든 가장 토속적인 음식이면서 그 지역민의 지혜와 기술로 만들어진 향토음식이야말로 가장 값진 관광자원이라 할 수 있다. 그러나 오늘날 교통의 발달, 생산기술의 향상, 정보획득의 발달로 오랜 기간 발달해 온 지역의 향토음식은 그 의미가 희석되어 그 지방 고유의 음식이라는 인식이 희박해지고 있는 실정이다.

(1) 향토음식의 특성

향토음식은 그 지방에서 생산되는 재료를 그 지방 특유의 조리법으로 조리하여 과거로부터 그 지방의 사람들이 먹어 온 것으로 현재에도 그 지방의 사람들이 먹고 있는 것이다. 그리고 그 지방에서 많이 생산되거나 타지방으로부터 공급받을 수 있는 재료를 사용하여 적합한 조리법에 의해 발전시킨 음식이다. 어디에나 흔히 있는 흔한 재료를 사용하더라도 지형·기후·풍토 등 지역적 특성이 반영된 특유의 조리법이 타지방과 차별적으로 발전한 가공기술을 이용하여 발전시킨 음식을 향토음식의 특징이라고 할 수 있다.

옛날부터 그 지방의 행사와 관련하여 만든 음식으로 오늘날까지 전해져 오는 음식이 향토음식이고, 계절의 산물을 독특한 방법으로 만들어내는 향토음식은 평소에 먹지 않던 음식을 맛보고 싶어 하는 인정에 힘입어 원전회귀의 인간습성이 깃들어지는 음식이다. 또 그 지방의 특유의 전통요리이자, 고향에서만 맛보고 즐길 수 있는 고유하고 독특한 음식이다. 마지막으로 향토음식이란 그 토지의 산물이며, 그 토지에서 사람들의 생활 속에서 오랫동안 보살펴져 자란 음식물이다.

우리나라 향토음식의 특성은 주산물에 있어서도 지방에 따라 차이를 보여 지형적으로 산이 많은 북부지방은 잡곡의 생산이 주류를 이루고, 평야가 많은 중부와 남부는 쌀이 주류를 이루고 있어서 북부는 잡곡밥을, 남부는 쌀밥과 보리밥을 주식으로 이용해오고 있다. 또

한 북부는 여름이 짧고 겨울이 길어 음식의 간이 남쪽에 비해 싱거운 편이고, 매운 맛 역시 덜하며, 음식의 크기도 큼직하고, 양념 또한 푸짐하게 사용하는 반면에, 남부로 내려올수록 음식의 간이 세고, 짜며, 매운맛도 강하고, 조미료와 젓갈을 많이 사용하는 편이다. 산간지방에서는 육류와 신선한 생선을 구하기 어려우므로 소금에 절인 생선이나 말린 생선 및 해초 그리고 산채를 쓴 음식이 많고, 해안이나 도서지방은 바다에서 얻은 생선이나 조개류 및 해초가 찬물의 주된 재료가 된다.

(2) 향토음식의 속성

가. 향토음식의 공간성

향토음식은 뚜렷한 공간적 특성을 지니고 있다. 즉 지역 이외에 다른 곳에서는 그와 같은 음식을 쉽게 찾아 볼 수 없는 것이다.

개성의 보쌈김치, 속초의 오징어순대, 평양의 냉면, 전주의 비빔밥이 있는 것처럼 공간적 환경을 이루는 지리적 조건과 기후·풍토가 타지방과 다르기 때문에 차별화된 음식이 생기게 된다. 그러나 끊임없는 문화의 흐름으로 고유한 향토음식이 외부의 영향을 받게 되고, 또한 다른 곳으로 전파되기도 한다. 현대에 와서는 그 영향을 받는 정도나 속도가 크기 때문에 향토음식의 특수한 성질이 전국적으로 보편화되어 가는 경향을 보이기도 한다.

나. 향토음식의 고유성

향토음식의 조리법을 중심으로 볼 때 그 고장에서만 전수되어지는 고유한 비법으로 음식을 만든다면 이는 분명히 지역을 대표할 수 있는 향토음식의 특징을 나타내는 것이다. 예를 들어 전국 어디서나 구입할 수 있는 메밀가루를 가지고 자기 고장의 요리비법으로 춘천 막국수를 만들거나 닭고기를 가지고 춘천 닭갈비를 만든다면 역시 향토음식의 고유한 특성을 지녔다고 할 수 있다.

다. 향토음식의 의례성

그 고장의 사람들의 사고방식과 생활양식에 따른 각종 문화적 행사를 바탕으로 발달해온 특성을 말한다. 그러므로 각각의 고장마다 전승되고 있는 세시풍속이나 통과의례 또는 풍습 등의 문화적 특질이 담겨진 향토음식은 매우 특이한 것으로 여겨진다. 예를 들면 제주도의 빙떡, 서울의 설렁탕 등이 있다. 이와 같이 향토음식 중에는 의례행사에 기인한 종류도 많으며, 여러 가지 서민들의 일상행사가 그대로 반영된 음식으로 자리 잡아 온 것이다. 향토음식이란 그 지역의 특산물을 이용하거나, 그 지역에서 고유하게 전승되어 온 비법으로 조리하거나, 또는 그 지역의 문화적 이벤트를 통해서 발달해 온 음식을 말한다.

이러한 점에서 전통음식에서 강조되는 오랜 생명력을 지녀 '현존하는 과거'로서의 시간적 개념보다는 지역공간의 수평적 개념을 바탕으로 끊임없이 생성되고 소멸되는 과정을 거치면서 형성된 음식으로 보아야 할 것이며, 주변지역의 음식과 분명한 차별성이 나타나는 특징이다.

이렇게 형성된 향토음식은 점차 시간이 흐르면서 '전통'의 성질을 갖게 되어 전통향토 음식이 되는 것이다. 다시 말하면 향토음식은 전통음식의 뿌리에 해당하는 가장 기본적인 음식 형태로서 새로운 문화변동에 대한 포용성을 지닌 모체로서의 성질이 들어 있는 것이다.

(3) 향토음식의 분류

향토음식이 전통음식의 뿌리요 모체를 이루고 있다는 사실이다. 향토음식은 뚜렷한 지역적 특성, 즉 공간성·고유성·의례성을 지니면서 수평적 공간을 형성하고, 그 바탕 위에 향토음식이 쌓여 나가면서 '전통음식'으로 자리 잡아 가는 수직적 시간구조를 이루며, 이것이 결국 한국음식의 특징을 형성하고 있다고 보는 것이다.

한국음식에서는 전통음식을 떼어서 생각할 수 없고, 전통음식에서 향토음식을 배제하여 생각할 수 없는 유기적인 관계로 파악되며, 개념적으로는 유사하나 구분되는 구조를 갖고 있는 것이다. 향토음식이 바탕으로 된 전통음식을 중심으로 한국음식을 분류하는 기준에는 여러 가지 방안이 제시될 수 있다. 예를 들면 일반적 제조방법에 따라서 발효식품(김치류·젓갈류·식혜류·장류·식초류·주류)과 건조식품(주로 1차 상품에 대한 건조처리 시킨 것:건채류·건해물 등) 및 절임(장아찌류) 식품으로 나눌 수 있다. 여기에서는 한국 전통음식이 대략 1세기 이전부터 한국의 일상생활과 궁중의식·통과의례·세시풍속 등을 통한 고

유의 역사적 배경과 문화적 특질을 지니면서 지역특성에 맞게 전승되어 현존하는 음식으로서 한국인의 식생활에 유익하도록 합리적으로 보존·육성해 오는 음식들의 총칭이라고 이종수(2009, 중앙대) 교수는 정의하고 있다.

가. 주식류

곡류를 중심으로 구성되어 있으며, 사람이 주로 먹고 사는 주식용 음식을 말하는데 간단한 찬류와 함께 한 끼의 식사로 먹을 수 있다. 주식류는 대략 약 350여 가지로 전해지고 있다. 예를 들면 밥류, 죽류, 미음·응이류, 국수류, 만두류, 떡국류(6종류) 등이다.

나. 부식류

주식을 보조하여 일상 섭취하는 전통음식으로 약 1,500가지가 있다. 부식류는 전체 한국전통음식의 50%를 넘게 차지하는 분야이다. 또한 부식류는 주식류와 함께 한국전통음식의 2/3를 점하고 있다. 예를 들면, 국류(탕), 전골, 찌개류, 나물, 생채류, 구이류, 조림, 지짐이류, 볶음, 초류, 누루미, 누름적, 전류, 선류, 찜류, 강회, 무침, 수란, 회류, 마른 반찬(부각·자반·튀각·포·기타), 순대, 족편, 편육류, 두부류(17종류) 등이 있다.

다. 조미식류

양념류·향신료에 해당하며, 약 150여 가지가 있다. 예를 들면 장류, 식초류, 유지류(참기름·들기름 등), 조미·향신료류(마늘·생강·후추·산초·고추 등) 등이다.

라. 기호식류

기호적으로 즐겨 먹는 음식으로 대체로 고유한 풍미가 있다. 기호식류는 전체 한국전통음식의 약 25% 이상을 점유하고 있다. 가짓수로는 약 750여 가지이다. 예를 들면 떡류, 한과류, 엿류, 음청류(다류 포함), 주류 등이다.

이외에 특수용도 음식·궁중음식·궁중의례·통과의례·사찰의례·세시풍속 등에 이용되는 음식들이 있으나 상기 분류된 음식에 기본적인 바탕을 두고 있다.

이상의 분류법에서 대항목으로 4분야, 소항목으로는 32종류로 나누어지며, 32종류의 소항목 분류에 속하는 한국전통음식은 약 2,800가지가 된다.

(4) 향토음식의 지방적 구분과 특징

한국의 향토음식은 한민족의 기호적 특성으로 보아 전국적으로 똑같은 조리법의 음식들도 많이 있으나, 남쪽으로 길게 뻗은 반도에 삼면이 바다로 둘러싸여 있고 사계절이 뚜렷하여 자연히 북쪽 지방은 산이 많아 밭농사를 하여 잡곡밥을 주로 먹었으며, 서해쪽의 중부·남부지방은 논농사를 하므로 쌀밥과 보리밥을 먹게 되었다. 또한 대부분의 찬류는 채소류가 중심이고, 저장식 식품인 김치류·장아찌류·젓갈류·장류가 이용된다.

산악지역에서는 신선한 육류와 생선류를 구하기 위해 절인 생선이나 말린 생선 및 해초나 산채를 이용한 음식이 많고, 해안지역은 생선·조개류·해초가 찬으로 쓰인다.

지방마다 음식의 맛이 다른 것은 기후와 밀접한 관련이 있어서 북쪽 지방은 여름이 짧고 겨울이 길어 남쪽 지방에 비해 그리 맵지도 않고 싱거운 편이다. 북쪽 지방은 음식의 크기가 큼직하고 양이 푸짐하여 이 지역 사람들의 성격을 일부 대변하여 준다. 한편 남쪽 지방으로 내려 갈수록 음식의 맛이 짜지면서 매워지는 경향인데, 그만큼 젓갈과 조미료를 많이 쓰고 있다.

그러나 산업화·도시화의 영향으로 인적·물적 교류가 많아져 각 지방의 식생활이 서로 닮고 있으며, 식생활 패턴의 변화로 고유한 향토음식도 많이 사라지고 있는 실정이다. 한국의 향토음식은 지역별로 구분할 때 10개 지방으로 나눌 수 있다. 즉 서울 경기도·강원도·충청도·전라도·경상도·제주도·황해도·평안도·함경도 지방으로 구분된다.

각 지역별 향토음식의 특징은 다음과 같다.

가. 서울 음식

옛 한양 음식은 왕족과 양반계급이 많이 살았기 때문에 격식과 맵시를 중요하게 여겼으며, 의례적인 것을 중요시해 왔다. 특히 조선시대의 궁중음식이 양반집에 전해져 서울음식은 궁중음식을 많이 닮았으며, 반가(班家) 음식도 매우 다양하게 만들어졌다. 손꼽기로는 서울·개성·전주지방의 음식들이 가장 화려하고 다양하다고 한다. 서울에서 자체로 생산되는 음식재료는 거의 없기 때문에 전국의 재료들이 모여서 이들을 이용한 화려한 음식들이 크게 발달하였다. 음식의 양은 적으나 가짓수가 많으며, 모양은 예쁘고 작게 만들어 멋을 많이 낸다. 양념들은 곱게 다져 쓰며, 음식의 맛은 대체로 짜지도 맵지도 않은 중간 정도의 간을 지닌다.

나. 경기도 음식

경기도 음식은 강원도·충청도·황해도와 인접해 있어 이들 지역의 음식과 공통점이 많고, 음식 종류도 같은 것이 많다. 예를 들면 충청도와 황해도 지방에서 즐겨 먹는 냉콩국은 이 지방에서도 많이 만들어 먹는다.

경기도 음식은 소박하면서도 다양한 반면에 개성 음식만은 궁중요리에 비길만큼 호화로운 편이다. 이 지역은 밭농사와 함께 벼농사도 많이 짓는다. 서해안쪽은 해산물이 풍부하고, 산간지역은 산채를 많이 사용하여 여러 가지 재료와 골고루 섞어서 만든다. 간은 대체적으로 서울 지방과 비슷하며, 양념을 많이 쓰지 않는 편이다.

주식은 오곡밥과 찰밥을 즐기며, 간장을 이용한 장국보다 제국물에 끓인 칼국수처럼 국물이 걸쭉하고 구수한 음식이 많다. 농촌지역에서는 범벅이나 풀떼기수제비를 만들 때 호박·옥수수가루·밀가루·팥 등과 혼합하여 구수하게 만들어 먹는다.

다. 충청도 음식

충청도 음식들은 서울 음식처럼 시각적이지도 않고, 경상도 음식처럼 매운맛도 없으며, 전라도 음식처럼 감칠맛도 없으나, 담백하고 구수하며 꾸밈이 별로 없는 소박한 음식이 많은 것이 특징이다. 삼국시대로부터 주요한 농경지역 이므로 쌀·보리·고구마·배추·무 등의 생산량이 많고, 서해안 지역은 해산물이 풍부하다. 충북 내륙지역에서는 (주위 여건에 따라) 산채가 많이 난다. 충청도 사람들의 인심처럼 음식의 양도 많다. 양념은 많이 쓰지 않고 된장을 즐겨 쓰는데, 자연 그대로의 맛을 살리려고 한다. 늦은 가을부터는 청국장을 만들어 찌개를 자주 끓여 먹는다. 국수·수제비·죽범벅 등을 흔하게 만들고, 특히 보리밥이 유명하다. 서해안에서는 굴이나 조갯살 등으로 국물을 내어 날떡국이나 칼국수를 끓인다. 또한 늙은 호박을 이용한 호박죽·호박범벅·호박떡도 많이 만들어 먹는다.

라. 강원도 음식

강원도 음식은 소박하고 먹음직스럽다. 태백산맥을 가운데로 영동·영서 지방에서 생산되는 산물이 크게 다르고, 산악지역과 해안지역에서 나는 음식재료도 다르다. 산악이나 고원지대에서는 옥수수·감자·메밀 등이 많이 나는데, 쌀농사보다 밭농사가 발달되어 있다. 산에서 나는 산채·도토리·상수리·칡뿌리 등은 예날에는 구황식품이었으나 지금은 널리

이용되는 건강음식재료이다. 해안에서는 생태·오징어·미역 등 해산물이 많이 나서 이를 가공한 황태·건오징어·건미역·명란젓·창란젓 등이 많다. 산악지역은 육류를 쓰지 않는 음식이 많으나, 해안지방에서는 멸치나 조개 등을 넣어 만든 음식맛이 독특하다.

마. 전라도 음식

전라도 지방은 동부·동남부는 산야이고, 서부는 광대한 평야이다. 옛 백제땅이고, 조선왕조 전주이씨의 본관으로 양반풍을 이어 받은 고유한 음식들이 형성되어 있다. 광주·해남·남원 등 각 고을마다 부유한 토후들이 대를 이어 살았으므로 음식에 있어서는 어느 지방도 따를 수 없는 풍류와 멋이 배어 있는 고장이라 하겠다.

흔히 전라도 지방이 상차림은 상 위에 가득 차려진 음식의 가짓수 때문에 외지인들을 놀라게 한다. 개성 음식은 보수적인 반면, 전라도 음식은 매우 정성을 들이고 사치스럽다.

이 지역에서는 호남평야의 풍부한 농산물을 주곡물로 쓰고, 해산물 산채 등도 많이 생산되어 다른 지방보다 재료가 풍부하며, 매운 것이 특징이다. 해안지역이 많아서 다양한 해산물과 젓갈 등이 있다. 또한 전주지방의 콩나물을 이용한 음식은 맛과 영양으로도 유명하다.

바. 경상도 음식

경상도 음식은 대체적으로 멋을 내거나 사치스럽게 하지 않으며 소담하게 만든다. 남해와 동해에 좋은 어장을 가지고 있어 해산물이 풍부하고, 경상남·북도를 크게 굽어 흐르는 낙동강의 풍부한 강수량은 주위에 기름진 농토를 만들어 농산물도 넉넉하다. 이 지방에서는 고기라 하면 바다의 물고기를 가리키며, 생선회가 유명하다. 또한 담수어도 많이 먹는다. 음식의 맛은 간이 센 편이고, 대체로 얼얼하도록 매운 편으로 전라도 음식보다 맵다. 싱싱한 바닷물고기에 소금 간을 해서 말려 구운 것을 즐겨 먹고, 물고기를 이용하여 국을 끓여 먹기도 한다. 국수를 즐겨 먹으며, 밀가루에 날콩가루를 섞어서 반죽하여 홍두깨나 밀대로 얇게 밀어서 만드는 칼국수를 제일로 친다. 장국의 국물로는 멸치나 조개를 많이 쓰고, 더운 여름에는 더운 제물국수를 즐긴다.

사. 제주도 음식

제주도 사람의 부지런하고 꾸밈없는 소박한 성품은 음식에서도 그대로 나타나서 음식을

많이 차리거나, 양념을 많이 넣거나, 여러 가지 재료를 섞어서 만드는 것이 별로 없다. 재료가 가지고 있는 자연의 맛을 그대로 살리는 것이 특색이다. 제주도는 어촌·농촌·산촌으로 구분하여 그 생활방식의 차이가 있다. 어촌에서는 해안에서 고기를 잡거나 해녀들이 잠수어업을 하였고, 농촌은 평야식물지대로 농업을 중심으로 생활하였으며, 산촌은 산을 개간하여 농사를 짓거나 한라산에서 버섯·산나물·고사리 등을 채취하여 생활하였다. 농산물 중에는 쌀은 거의 생산되지 않으며, 콩·보리·조·메밀·고구마·밭벼 등 주로 잡곡이 생산된다. 특히 고구마는 조선 영조 때 조엄이라는 사람이 대마도에서 가져와 시험재배한 뒤로 제주도의 주요한 산물이 되었다. 특산물은 삼국시대부터 재배하였던 감귤이 있으며, 전복과 함께 진상품이었다. 제주도 음식의 주된 재료는 해초와 된장으로 맛을 내는 경우가 많고, 바닷물고기를 이용하여 국과 죽을 잘 만들어 먹는다. 음식의 간은 대체로 짠 편이고, 생선회를 많이 먹는다.

　수육으로는 돼지고기와 닭을 많이 사용한다. 특산물로는 제주도에서만 잡히는 자리돔과 옥돔이 있고, 전복과 꿩이 많이 잡히며, 한라산에서는 표고버섯과 산채가 많이 난다. 김장은 겨울기후가 따뜻하므로 별로 필요치 않으며, 겨울에도 배추가 밭에 남아 있을 정도여서 김장을 담아도 종류가 적고, 짧은 기간 동안 먹을 것을 담근다.

아. 황해도 음식

　황해도는 인심이 좋고 생활이 윤택하여 이곳의 음식은 양이 풍부하고, 음식에 기교를 부리지 않으며, 구수하면서도 소박하다. 황해도는 북쪽 지방의 곡창지대로 연백평야와 재령평야에 접해 있어서 쌀 생산이 많고, 잡곡의 질도 좋다. 특히 남쪽 사람들이 보리밥을 즐기듯이 조밥을 잘 해 먹는다. 곡식의 질이 좋아서 가축들의 사료로 사용하므로 좋은 고기의 맛으로도 유명하다.

　해안지방은 서해안이 특성상 조석간만의 차가 크고, 수심이 낮으며, 간척지가 발달해 소금의 생산이 많다. 음식의 간은 별로 짜지도 싱겁지도 않으며, 충청도 음식과 비슷하다. 송편이나 만두도 크게 빚고, 밀가루도 즐긴다. 밀국수나 만두에는 닭고기가 많이 쓰인다. 김치에는 독특한 맛을 내는 고수와 분디라는 향신채소를 반드시 사용한다. 미나리과에 속하는 고수는 강한 향이 나는 풀로 중국에서는 향초라고 한다. 그래서 배추김치와 소구가 좋고, 호박김치에는 분디가 제일이라고 알려져 있다. 호박김치는 늙은 호박을 그대로 담그는

것이 아니라 끓여서 익혀 먹는다. 김치는 맵지 않고 단백하며 시원한 맛을 낸다. 겨울철에는 동치미 국물을 넉넉히 하여 냉면국수나 찬밥을 말아서 밤참으로 즐기기도 한다.

자. 평안도 음식

평안도 지방은 옛부터 중국과 교류가 많은 지역으로 그들의 성품은 진취적이고 대륙적이다. 따라서 음식을 먹음직스럽고 푸짐하게 만든다. 서울 음식이 크기를 작게 하고 기교를 많이 부리는 데 비해 매우 대조적이다. 평안도의 동쪽 지역은 산이 높아 험하고, 서쪽은 서해안에 면접하여 해산물이 풍부하고 넓은 평야로 인해 곡식도 풍부하다. 음식의 간은 대체로 심심하고 맵지도 짜지도 않다. 음식 모양에 신경 쓰지 않으며, 예쁘기보다는 소담스럽게 만들어서 많이 먹는 것을 즐긴다. 평안도 지방에서는 평양 음식이 가장 알려졌고, 그 중에서 평양냉면·어복쟁반·순대·온반 등이 유명하다. 곡물 음식 중에서 메밀과 냉면, 만두국을 만드는 등 가루로 만든 음식이 많다. 겨울에는 추운 지방이어서 기름진 육류음식을 즐겨 먹고, 밭작물인 콩과 녹두로 만드는 음식도 많다.

차. 함경도 음식

함경도 음식의 모양은 큼직한 것이 대륙적이고 시원스러우며, 장식이나 기교도 부리지 않아 사치스럽지 않다. 함경도는 한국의 최고봉인 백두산이 있고, 개마고원이 있는 험악한 산간지대가 대부분이다. 그러나 동쪽 지역은 해안선이 길고, 영흥만 부근에 평야가 조금 있기 때문에 논농사는 적고, 밭농사를 많이 한다. 특히 함경도는 밭곡식 중에도 콩의 품질이 뛰어나고, 잡곡의 생산량이 많다. 동해안은 리만한류와 동해난류가 만나는 바다로 세계의 3대 어장에 속하며, 명태·청어·대구·연어·정어리·넙치 등 어종이 다양하다. 음식의 간은 북쪽으로 올라갈수록 세지 않고 맵지 않아 담백하다. 그러나 고추·마늘 등 양념을 강하게 써서 양성적인 맛을 즐기기도 한다. 주식으로는 기장밥·조밥 등 잡곡밥을 많이 먹는데, 쌀·조·기장·수수 등의 품질이 이남지방보다 매우 차지며 구수하고 좋다. 감자·고구마도 질이 좋아서 녹말을 만들어 반죽하여 냉면이나 비빔국수를 잘 만들어 먹는다. 유명한 함경도 회냉면은 홍어·가자미 등 생선을 맵게 무친 회를 냉면국수에 얹어 비벼 먹는 독특한 음식이다. 다데기라는 것도 이 고장에서 나온 고춧가루에 갖은 양념을 넣어 만든 함경도 고유한 말이다.

〈각 지역의 향토음식〉

지역	대표 향토 음식
서울·경기도 음식	설렁탕, 국수장국, 육개장, 편수, 조랭이떡국, 냉콩국수, 장국밥, 잣죽, 흑임자죽, 생치만두, 각색전골, 신선로, 구절판, 탕평채, 너비아니, 어채, 갑회, 도미찜, 장김치, 나박김치, 보쌈김치, 홍해삼, 감동젓무, 각색단자, 상추떡, 경단, 약과, 우매기 등
충청도 음식	콩나물밥, 생떡국, 호박범벅, 넙치아욱죽, 새뱅이지짐이, 늙은호박찌개, 굴냉국, 다슬기국, 무릇곰, 홍어어시국, 어리굴젓, 공주깍두기, 호도장아찌, 호박고지덕, 괴머리떡, 호박꿀단지 등
강원도 음식	강냉이밥, 감자밥, 메밀막국수, 감자수제비, 강냉이범벅, 어죽, 방풍죽, 감자부침, 오징어구이, 오징어회, 쏘가리탕, 동태순대, 삼시기탕, 쇠미역쌈, 쇠미역튀김, 명태식해, 창란젓, 참죽자반, 능어회, 더덕생채, 도토리묵, 감자송편, 간자경단, 찰옥수수시루떡, 메밀총떡, 약과, 송화다식, 옥수수엿 등
전라도 음식	전주비빔밥, 콩나물국밥, 깨죽, 함자죽, 대합죽, 피문어죽, 꽃게미역국, 매생이국, 죽순탕, 영봉탕, 죽순채, 파산적, 만나니, 머위나물, 콩나물잡채, 대합 구이, 홍어찜, 상어찜, 붕어조림, 꼬막무침, 순창고추장, 감인절미, 감단자, 동아정과 등
경상도 음식	비빔밥(진주·통영), 육개장(대구), 닭칼국수(안동), 따로국밥, 헛제사밥, 아구탕, 추어탕, 대구탕, 아구찜, 미더덕찜, 애호박죽, 조개국수, 해물잡채, 토란줄기찜, 장어조림, 단풍콩잎장아찌, 당귀장아찌, 더덕장아찌, 골곰짠지, 멸치젓, 유과, 모시잎송편, 쑥굴레, 칡떡, 안동식혜, 신선다식 등
제주도 음식	메밀만두, 미역죽, 전복죽, 조기죽, 옥돔죽, 닭죽, 깅이게죽, 오합죽, 돼지족탕, 옥돔미역국, 메밀저배기, 돼지고기육개장, 자리회, 전복회, 소라회, 양애무침, 고사리전, 평적, 조피된장, 자리젓, 빙떡, 상애떡, 오메기떡, 꿩엿, 닭엿, 보리엿, 귤 등
황해도 음식	잡곡밥, 비지밥, 조기국, 호박김치찌개, 수수죽, 밀범벅, 김치순두부, 남매죽, 강엿, 돼지족, 새우찜, 황해도고기전, 연안식혜, 오쟁이떡, 된장떡 등
평안도 음식	평양냉면, 어복쟁반, 온면, 만둣국, 닭죽, 강량국수, 내포중탕, 콩비지, 고사리죽, 닭볶음탕, 가지김치, 무곰, 더풀장, 노티, 골미떡, 엿, 태석, 꼬장떡 등
함경도 음식	함흥냉면(회냉면), 닭비빔밥, 찐조밥, 강냉이밥, 섭죽, 순대, 가릿국, 천엽국, 감자국수, 옥수수죽, 얼린콩죽, 동태순대, 콩부침, 비웃구이, 북어전, 북어찜, 가자미식혜, 오그랑떡, 달떡, 단감주 등

4 사찰음식

사찰음식은 한마디로 불교를 수행하는 스님들이 깨달음을 얻어 부처가 되기 위하여 그들이 모여서 사는 곳인 절에서 만들어 먹는 음식이라고 할 수 있다. 즉 불교에서 허락하고 있는 승려들이 먹는 음식이라 할 수 있다. 사찰음식은 단순히 고기만을 먹지 않는 것이 아니라 우유를 제외한 일체의 동물성 식품과 술 및 오신채(五辛菜 : 마늘·파·달래·부추·흥거)라고 하는 다섯 가지 매운 맛을 내는 채소를 금하고 있다. 오신채와 술 및 고기를 일련의 냄새나고 더럽고 부정한 것으로 다루고 있다. 술을 금하는 이유는 술에 취하는 것이 모든 죄의 근원이며, 지혜의 종자를 끊는다고 생각하기 때문이다.

오신채를 넣지 않아 맛이 담백하고 정갈하며, 영양이 우수하다. 불교의 기본정신을 바탕으로 하여 간단하고 소박한 자연의 풍미가 살아 있어 독특한 맛을 자아낸다.

(1) 사찰음식의 개요

절에서 밥을 먹어 본 사람이라면 누구나 그 맛의 담백함과 깔끔함을 기억한다. 맛에 둔한 사람도 인공조미료를 쓰지 않았음을 알 수 있고, 그 은은함을 잊을 수 없게 된다. 스님들의 공양을 준비하는 행자시절에는 그 서열에 따라 땔감을 구해오는 불목하니, 상을 보는 간상, 반찬을 만드는 채공, 국을 끓이는 갱두, 밥을 짓는 공양주의 역할을 두루 거치게 된다. 이런 행자시절의 마지막 단계가 공양주인데, 각각의 소임에 온갖 정성을 쏟아야만 한다.

예컨대, 나물무침을 할 때는 전심전력으로 반찬 만드는 일에 임해야 하고, 뭇국을 끓일 때는 마음과 정성을 다해 국을 끓여야 한다. 국을 끓일 때는 국 끓이는 일 외에는 다른 일이 있을 수 없다. 국 맛이 곧 수행의 깊이를 나타내기 때문이다.

(2) 사찰음식의 특징

사찰음식의 특징을 들면, 독특한 조리법이 사찰마다 다르다는 것이다. 산약초를 음식으로 먹고, 육식과 오신채 및 인공조미료를 전혀 넣지 않을 뿐만 아니라 음식 만드는 과정을 다른 수행의 한 방법으로 여긴다는 점이다. 무엇을 먹을까는 큰 문제가 아니다. 다만 언제, 어떻게 먹을 것인가에 관심이 있을 뿐이다. 요즘은 1일1식을 규정하지 않지만 1일 1식은 식사의 양에 깊은 뜻이 있는 것이다. 남방불교에서는 탁발이 그대로 이루어지고 있는 반면, 기후와 풍토가 다른 북방불교권(한국·중국·일본·티벳 등)에서는 사원발달과 함께 승려들의 건강을 우려하여 다양한 음식들이 개발되었다.

- 특징을 살펴보면 다음과 같다.

- 고기를 사용하지 않는다. 계율상의 약간의 차이는 있지만 대승불교에서는 엄격하게 이루어지고 있다.
- 채소 중에서 오신채를 사용하지 않는다. 마늘·파·달래·부추·흥거 등은 몸에서 냄새가 나고, 성내고 탐하며 어리석게 하는 마음이 생겨나기 때문에 수행인에게 절대 금한다.
- 사찰음식은 약리작용을 갖고 있다. 승려들은 양약을 거의 사용하지 않고 있는데, 산약초를 먹기 때문이다. 산초장아찌는 구충제 역할을 하고 보온효과가 있는 것을 그 예로 알 수 있다.

- 무엇보다도 시원·담백하고 깔끔한 맛이다. 인공감미료를 쓰지 않고 다시마·버섯·들깨·날콩가루의 천연조미료를 쓰고 있다.
- 제철에 따른 음식이 발달해 있다. 각 사찰마다 그 지역의 제철 식재료를 이용한 음식이 발달되어 있다. 그 예로 지리산 화엄사의 죽순나물과 갓김치·김부각, 여천 흥국사의 쑥떡·머위당, 합천 해인사의 찹쌀죽·고수 나물무침 등이다.

(3) 사찰음식의 유래

불교 초기에는 모든 출가 승려들은 와발, 혹은 철발을 들고 산 속의 나무 밑이나 동굴에서 나와 성 안으로 가서 걸식을 하였다. 부자나 가난한 집을 가리지 않고 행하였으며, 그릇에 가득차지 않더라도 적당한 양이 되면 돌아 와서 오전 중에 식사를 마쳐야 한다. 1일1식의 원칙을 반드시 지켰으며, 정오에서 다음날 일출까지는 비시(非時)라 해서 음식을 절대로 입에 대지 않았다.

처음의 출가자들에게는 거처가 따로 없었다. 그러다가 우기 3개월 동안 한 곳에 머무르는 생활이 허락되었는데, 이것이 바로 안거제도이다. 이때 승려들은 부처님을 모시고 한 곳에 모여 정진하기를 열망했다. 이런 안거(安倨)제도가 차츰 발달하면서 왕족과 부호들이 집을 지어 기증하게 되었다. 이로 인해 최초의 사찰인 죽림정사가 생겨났으며, 주위에 회랑 또는 담장을 둘러서 원으로 발전하게 되었다.

주거공간의 변화로 승려들의 식생활도 변화하게 되었다. 탁발을 하던 승려들은 이제 신도들이 만들어 주는 음식을 먹게 된 것이다. 부처님시대의 승려들은 수행을 하기 위한 많은 고행을 겪어야 했는데, 당시의 음식을 살펴보면 다음과 같다.

주식은 건반(말린 밥), 맥두반(콩과 보리를 섞어 지은 밥), 초(미숙가루), 육(고기), 병(떡) 등 다섯 가지였고, 부식으로는 식물의 가지·잎사귀·꽃과 과일 및 우유나 기타 명제품, 꿀이나 석밀 등이었다고 보면 될 것이다. 특별히 음식에 대한 금기는 없었는데, 고기는 아무 고기나 먹어도 되는 것이 아니라 병든 비구에 한해서는 삼정육·오정육·구정육 등이 허락되었는데, 그 내용은 다음과 같다.

- 삼종정육(三宗淨肉)
  - 자신을 위해서 죽이는 것을 직접 보지 않은 짐승의 고기(不見)
  - 남으로부터 그런 사실을 전해듣지 않은 것(不耳)

- 자신을 위해 살생했을 것이란 의심이 가지 않는 것(不疑)
- 오종정육(五種淨肉 : 위 삼종정육 포함)
  - 수명이 다하여 자연히 죽은 오수(烏獸) 고기
  - 맹수나 오수가 먹다 남은 고기
- 구종정규(九種淨肉 : 위 오종정육 포함)
  - 자신을 위해서 죽이지 않은 고기
  - 자연히 죽은지 여러 날이 되어 말라 붙은 고기
  - 미리 약속함이 없이 우연히 먹게 된 고기
  - 당시 일부러 죽인 것이 아니라 이미 죽은 고기

이러한 유래를 거쳐 사찰의 식습관이 세속과는 달리 독특한 소식습관을 형성한 시기는 기원 1세기 전후이다. 불교 전래 시 초창기 중국에서는 술과 고기를 먹었지만, 양무시대 이후 점차 소식으로 식습관이 변화해 갔다. 중국의 사원에서는 주식이 대부분 죽이었으며, 부식은 승려들이 직접 재배·생산한 채소나 두부·버섯 등이었다. 또한 대승불교가 흥기한 시기에는 마늘·파·달래·부추·흥거의 오신채를 사용하지 않았다.

그 이유는 모든 중생이 삼매를 닦을 때에는 마땅히 세간의 다섯 가지 매운 채소를 끊어야 하니 이 다섯 가지 채소는 익혀서 먹으면 음란한 마음이 생기게 되고, 날 것으로 먹으면 성내는 마음이 더해지기 때문이라고 『능엄경』에서 말하고 있다.

(4) 사찰음식의 변천사

가. 삼국시대

삼국시대에는 불교와 함께 들어 온 음차(飮茶)의 습관이 생기고, 다기(茶器)와 식기가 발달하고, 얼음을 이용한 풍유한 식생활을 영위하였다.

불교가 들어오게 되면서 살생을 금하고 육식을 못하는 계율로 식생활에 커다란 영향을 끼쳤다. 신라나 백제에서는 살생금지령이 내려졌고, 사냥과 고기잡이 도구를 불태워 없애기까지 하였다. 그러나 신라의 원광법사는 세속오계의 규범에서 살생유택(殺生有擇)이라 하여 어느 정도의 육식을 허용하였다.

나. 고려시대

고려시대에는 불교가 융성해지면서 육식의 습관이 쇠퇴하였다. 1261년(원종 2년)에는 각 도의 접찰사에게 "왕은 인심을 금수에까지 베풀어야 하니 육선을 올리지 말라"고 유시를 내릴 정도로 육식이 금지되니 식물성 식품을 더욱 맛있게 먹는 법이 연구되었고, 기름과 향신료 이용도 많이 하게 되니 사찰음식이 크게 발달한 시기라 할 것이다.

육식절제의 환경 속에 쌈·국·무침 등의 채소 음식이 많이 발달하게 되었는데, 특히 채소저장식품에서 절임 이외에 침채류가 나박김치·동치미의 형태로 개발되었다. 침채류는 이전 시대의 채소절임에 비해 신선한 채소의 성분을 보유할 수 있는 채소의 가공법으로서 의미가 깊은 것으로 김치의 원형이 되었다.

또 육식을 절제하였던 이유로 열량이 높은 밀가루나 쌀가루를 기름·꿀·술로 빚어 기름에 지지고 튀기는 유밀과가 유행하였다.

부처님께 차를 바치는 헌다(獻茶)의 예가 풍류로 차를 즐기게 되어 차를 마시는 습관이 널리 성행하였고, 다기도 매우 발달하여 세계에 자랑할 만한 고려청자도 만들고, 다도(茶道)의 예절도 생기게 되었다. 그에 따른 결과로 떡·과정류의 발달과 함께 의례음식이 팔관회 및 그 외의 크고 작은 절집행사에 항상 차를 올리고, 유밀·떡 등을 만들어 올리고, 왕이 행차하는 도중의 사찰에서도 차와 유밀과로 유밀과상을 차렸다. 왕이 행차할 때에는 다담군이 따르면서 도중에 차를 올리고, 궁중에서는 차를 맡아보는 다방(茶房: 관청의 하나)을 두고 차의 재배·공급을 위하여 다촌(茶村)을 두어 사언에서 직접 맡아 관장하였다.

또한 고려는 국상(國相)에서 해마다 미(米) 420만 석을 급여하고, 10,00~30,000명이 모이는 반승(飯僧)의 행사가 빈번하였으며, 시수(施水)의 풍습이 실시되었다. 시수(施水)의 풍습이란 왕성 장랑에 10칸 간격으로 막을 치고 여기에 불상을 모셔 놓고 큰 독에 백미장(白米漿)을 준비하여 오고 가는 사람에게 마시게 하던 풍습이다. 백미장은 쌀미음이라 생각되며, 요기를 할 수 있는 음식물로 자비를 베풀려는 뜻에서 실시한 풍습이라 본다(『고려사』, 식화지(食貨志)). 또 생차잎에 밥을 싸서 먹는 쌈싸기 음식법에서도 표고버섯을 즐겨 먹었다. 또 곽전(藿田:미역밭)이 하나의 세수원(稅收源)으로 왕자에게 소유권을 줄 정도로 활발하게 발달하였다.

외국과의 교류가 빈번해지자 객관(客館)이 출현했고, 사원을 중심으로 술차·국수 등을 제조하였으며, 소금·기름·꿀 등과 함께 판매까지 하여 이에 따른 병폐가 심각했다.

고려시대 중기 이후에는 승려보다 무관의 세력이 강하여지니 사회의 풍조에도 변화가 생겨 육식이 다시 대두되었다. 그래도 고려시대에 간장·된장·김치 등 저장음식 또한 만들어졌고, 두부·콩나물·국수·떡·약과·다식 등 음식문화가 다양하였다.

다. 조선시대

조선시대에는 유교는 숭상하고 불교를 배척하는 억불숭유정책이 기본정책이나 초기 왕실에서는 개인적으로 불교를 옹호했다. 식생활에는 별 영향이 없지만, 차를 마시는 습관이 줄어들었다. 불교에서 차를 올리고 즐겨 마시니 유교인들이 이를 꺼려하여 차밭을 방치하게 되어 차 문화가 쇠퇴하였다. 그러므로 일부 전라도 지방의 사찰이 스님과 학자들 사이에서만 차 마시는 풍습이 면면히 이어졌으므로 차를 마시는 문화인 음차가 쇠퇴하는 반면 화채와 한약재를 달이는 탕차류가 많아졌다.

『신증동국여지승람』에 보면 "경상도 양산·밀양·진주·달성·진해와 전라도 일대에서는 차가 좋은 토산물이었고, 한편 가례에서 차례를 지내는 풍습으로 차가 성행하던 옛 유교적 습관이 이어 내려왔다"고 적혀 있다.

이렇듯 유교에 의해 사찰음식이 일부 변화가 있었지만, 『규합총서』에 나오는 식생활 문화에 보면 불교와 연관이 많음을 알 수 있다.

"사대부 음식 먹을 때는 다섯 가지를 보라"는 제하(題下)를 살펴보면 다음과 같다.

첫째, 힘들음의 다소를 헤아리고, 저것이 어디서 왔는가 생각하여 보라. 이 음식이 갈고, 심고, 거두고, 찧고, 까불고, 지진 후에 공이 많이 든 것이다. 하물며 산 짐승을 잡고 베어 내어 맛있게 하려니 한 사람이 먹는 것이 열 사람의 애쓴 것이라. 집에서 먹어도 부모이 심력(心力)으로 경영한 바요, 비록 비재물이나 또한 여경(餘慶)을 이어 벼를 하여 백성의 고혈(膏血)을 먹는 것이니, 크게 가히 말할 것이 못된다.

둘째, 대덕(大德)을 헤아려 섬기기(奉養)을 다할 것이다. 처음은 어버이를 섬기고, 버금으로 임금을 섬기고, 나중은 입신하는 것, 이 세 가지가 온전한, 즉 섬기는 것이 응당하고, 만일 이 세 가지가 없는, 즉 마땅히 부끄러운 줄 알아 맛을 극진히 말아야 할 것이다.

이는 식생활에 임할 때 지켜야 할 기본도덕이 사찰에서 공양할 때 하는 공양계와 비슷하다고 볼 수 있다. 또 "밥·죽 몇 가지"라는 글에서는 다음과 같이 말하고 있다. "옛날 승상 왕개의 집에서 그릇 씻는 물이 수채로 흘러내리는데, 옥 같은 밥이 땅에 깔렸

음에 이웃 절 노승이 건져 말려 열 독이 차더니 그 집이 망하여 굶게 되거늘, 그 밥을 불려 쪄서 도로 먹이니 사례하고 부끄러워 하더라" 하였으니, 물건을 함부로 쓰고 아까운 줄 몰라 하는 것을 어찌 가히 경계하지 않겠느냐고 하며 음식을 소중하게 알고 절약하여야 함이 식생활경영의 으뜸이라 하면서 스님들에 의해서 실천되어지고 가르쳤음을 말하였다.

라. 현대

최근에는 일반가정에서 장을 담그거나 김장을 하는 일이 점차 줄어들고, 식품공장에서 제조한 것을 사서 쓰는 경향이 많아 졌으며, 주거양식과 생활양식이 변화하면서 식성도 다양해지고 서구화되어가고 있으며, 식품산업과 외식산업이 급격히 발달하였다. 그러므로 간편한 식품이나 인스턴트 음식들로 한국음식의 고유성을 잃어 가고 있는데, 사찰음식도 이러한 시대의 성향으로 많이 변질되어 가고 있다. 의례행사 때 만들던 다과류 등은 만들어진 것을 사다가 주로 쓰고, 인공조미료와 인스턴트식품으로 오신채를 쓰는 절도 많아 일부 사찰 이외에는 고유한 사찰음식이 사라지고 있다. 그래서 장·김치 등은 아직도 사찰에서 꼭 담가 먹는다.

5 세시풍속음식

세시풍속(歲時風俗)이란 우리의 선조들로부터 전해 내려오며 해마다 일정한 시기에 주기적으로 반복되고 있는 생활의례를 말한다.

농경사회의 풍속은 대부분 1년을 주기로 하는 농사력(農事曆)에 따르므로 세시풍속에는 농사력이 반영되어 있고, 농업생산력이 발전해서 농사력이 바뀌면 세시풍속도 바뀐다.

세시풍속은 음력의 달별과 24절기 및 명절 따위의 내용이 포함되어 있고, 이에 따른 의식 및 의례행사도 포함된다. 따라서 세시풍속은 농민이나 어민과 같은 직접 생산자인 민중들의 주기적이고 반복적인 삶을 반영할 뿐만 아니라 그 시대의 시간관념이 나타나 있는 역법체계를 반영한다.

세시풍속은 우리의 주생업과 농경의 주기와 맞물려 이는 생활의 주기이기도 하다. 농사의

풍농을 예축·기원·감사하는 의례였으며, 인간 삶과 직결되어 복(福)을 비는 의례였다. 사람들은 평소의 일손을 쉬고 시절음식(時節飮食)을 마련하기도 하고, 명절옷으로 갈아입기도 하며, 가족이나 동족 단위의 제사 또는 마을 단위의 축제를 지내기도 한다.

(1) 설날

원단(元旦)은 한해의 첫날로 세수(歲首)라 부르기도 하고, 일반적으로 '설' 또는 '설날'이라고 부른다. 세수·연수란 말은 한 해의 머릿날, 즉 첫째 날이란 뜻이고, '설'이란 한자로 신일(愼日)이라고 하는데, 근신(謹愼)하여 경거망동(輕擧妄動)을 삼가야 한다는 뜻이다.

정월의 세시행사 중 비교적 지금까지 이어지고 잘 알려진 것에는 우선 설날의 차례(茶禮), 덕담(德談), 토정비결(土亭秘訣) 보기, 복조리 사고팔기 등이 있다.

설날의 음식을 통틀어 '설음식' 또는 '세찬(歲饌)이라 하고, 설날의 술을 '설술(歲酒)이라고 한다. 설음식 중에서 가장 대표적인 것은 떡국이다. 떡국은 흰쌀을 빻아서 가는 채로 치고 그 쌀가루를 물에 반죽하여 찐 후에 안반에 쏟아 놓고 떡메로 수없이 쳐서 찰지게 한 다음, 한 덩어리씩 떼어 가지고 손으로 비벼 그것을 굵은 양초처럼 길게 만든다. 이것을 타원형으로 얇게 썰어서 장국에 넣어 끓이고, 소고기·꿩고기로 꾸미하여 후춧가루를 뿌린다. 이것은 정월 초하루 제사 때에 제물(祭物)로도 차리고, 또 손님에게도 낸다. 설날의 떡국은 지금의 소고기나 닭고기로도 끓이지만 옛날에는 꿩고기로 많이 하였다.

설날에 흰 떡국을 끓여먹는 것은 고대의 태양숭배신앙에서 유래한 것으로 보이는데, 설날은 새해의 첫날이므로 밝음의 표시로 흰 떡을 사용한 것이며, 떡국의 떡을 둥글게 하는 것은 태양의 둥근 것을 상형한 것이라고 할 수 있다. 그리고 설날에 마시는 술은 데우지 않고 찬 술을 마시는데, 『경도잡지』(京都雜誌)에는 '술을 데우지 않는 것은 봄을 맞이하는 뜻이 들어 있는 것이다'라고 기록하고 있다.

　설(정월초하루) 음식으로는 대체로 떡국, 잡누르미, 편육, 저냐, 육회, 떡볶이, 잡채, 구절판, 나박김치, 약식, 두텁떡, 수정과, 식혜, 정과, 만두, 조랭이, 편육, 전유어, 떡찜, 육회, 누름적 등이 있다.

(2) 대보름

　대보름은 그 해 맨 먼저 보름이 되는 날로서 한자로는 상원(上元, 으뜸되는 밤)이라고 하며, 우리나라 전체 세시풍속의 행사 중 1/5이 넘는 행사가 집중될 만큼 중요한 날이다. 상원이란 중원(中元, 음력 7월15일, 백중날)가 하원(下元, 음력 10월 15일)에 대칭되는 말이다. 음력 1월 15일(정월 대보름)을 대보름이라 하며, 음력 1월 14일을 작은 보름이라 한다. 민속놀이와 세시행사들이 가장 많이 행해지는 날이며, 마을신에 대한 대동의례(大同儀禮)와 대동회의(大同會議) 및 대동놀이 등이 이때 모두 이루어진다.

　보름날 아침 집집마다 약밥을 만들어 먹었으며 다섯 가지 이상의 곡식(쌀·보리·콩·조·기장)을 섞어 지은 밥을 나누어 먹었고, 세 집 이상의 타성 집의 밥을 먹어야 그 해의 운이 좋아진다고 전해 온다.

　대보름행사는 14일 저녁부터 시작된다. 저녁에는 마을 사람들이 함께 모여 달맞이나 달집태우기를 했다. 밤에 들판으로 나가 새싹이 잘 자라게 하고 논밭의 해충을 없애기 위한 쥐불을 놓았다. 아이들은 연날리기·바람개비 돌리기·실싸움·돈치기 따위를 즐겼다. 어른들은 다리 밟기·편싸움·횃불싸움·줄다리기·동채싸움·논다리 밟기 따위를 했다. 대보름날 밤에는 항상 온 마을이, 때로는 마을과 마을이 대항하는 경기를 집단적으로 즐겼다.

　햅 찹쌀을 찌고, 밤·대추·꿀·기름·간장 등을 섞어서 함께 찐 후 잣을 박은 약반(藥飯)을 준비한다. 조선 후기에 간행된『동국세시기(東國歲時記)』정월조에 의하면, "신라 소지왕 10년 정월 15일 왕이 천천정(天泉亭)에 행차했을 때 날아 온 까마귀가 왕을 깨닫게 하여 우리 풍속에 보름날 까마귀를 위하여 제사하는 날로 정하여 찹쌀밥을 지어 까마귀 제사를 함으로써 그 은혜에 보답하는 것이다"라 한 것으로 보아 약반의 절식(節食)은 오랜 역사를 지닌 우리 풍속이다. 이 약반은 지방에 따라 오곡밥·잡곡밥·찰밥·농사밥 등을 그 대용으로 즐기기도 한다.

　대보름의 절식으로 복쌈이 있는데, 이는 밥을 김이나 취나물·배추잎 등에 싸서 먹는 풍속인데, 복쌈을 여러 개를 만들어 그릇에 노적 쌓듯이 높이 쌓아서 성주님께 올린 다음 먹으면 복이 온다고 전한다.

또 귀밝이술이라는 풍속이 있다. 『동국세시기(東國歲時記)』에는 "청주 한 잔을 데우지 않고 마시면 귀가 밝아진다"라고 한다. 이외에도 부럼(밤·호두·은행·무 등)을 깨물면 1년 12달 동안 무사태평하고 종기나 부스럼이 나지 말라고 축수한다고 한다.

(3) 삼짇날

삼짇날은 3의 양수(陽數)가 겹치는 날(음력 3월 3일)로서 봄철의 시작을 장식하는 명절이다. 강남 갔던 제비도 옛집에 돌아오고, 동면하던 뱀도 땅 속에서 나오기 시작하는 날이다. 이날 흰나비를 보면 부모의 상을 당한다고 하고, 노랑나비나 호랑나비를 보면 길하다고 한다. 제비를 보면 농사가 풍년이 든다고 하며, 뱀을 보면 운수가 길하다고 한다. 장을 담그면 장맛이 좋고, 호박을 심으면 잘되며, 약수를 마시면 연중무병하고, 마무리 집안 수리를 해도 무탈하다고 한다. 머리를 감으면 물이 흐르는 것처럼 머리카락이 소담하고 아름답다고 해서 부녀자들은 머리를 감는다. 또한 산에 가서 진달래를 따다가 찹쌀가루를 반죽하여 둥근 떡을 만들고 기름에 지진 것을 화전(花煎)이라 한다. 또 녹두가루를 반죽하여 익힌 것을 가늘게 썰어 오미자국에 띄우고 꿀을 섞어 잣을 곁들인 것을 화면(花麵)이라 한다. 이런 것들은 시절음식으로 제사에도 쓰인다.

삼짇날 음식으로는 화면, 진달래 화채(오미자 국물에 진달래꽃을 끓는 물에 잠간 담갔다가 띄운 화채), 탕평채, 개피떡, 두견화주, 송순주, 과하주, 약주, 생실과, 절편, 화전, 조기면, 화면 등이 있다.

(4) 한식

한식(寒食)은 동지 후(冬至後) 105일째 되는 날로 잡는다. 언제나 청명(淸明) 안팎에 든다. 한식 때는 조상의 묘전에서 제사를 지내고, 무덤이 헐었으면 떼(잔디)를 다시 입히니, 이것을 개사초(改沙草)라 하며, 묘 둘레에 식목도 하게 된다. 한식에는 글자 그대로 더운밥을 안 먹고 찬밥을 먹는다고 하는데, 이에 대해서 다음과 같은 설화가 있다. 중국 진(晉)나라 충신 개자추(介子推)가 간신배에 몰려 금산에 숨어 있었는데, 진(晉)의 문공(文公)이 그의 충성을 알고 그 곳에서 나오길 명했으나 나오지 않았다. 도리 없이 불을 지르고 나오길 기다렸으나 그는 끝내 나오지 않고 타죽고 말았다. 그래서 타죽은 충신의 혼령을 위로하기 위해 더운밥을 삼갔다는 것이다. 따라서 한식은 중국에서 전해

온 풍속이다. 이즈음에는 새싹이 보이기 시작하는 때이고, 농가에서는 농경준비를 하기 시작하며, 식목을 하거나 채소 씨를 뿌린다.

한식에 먹는 음식으로는 찬 음식, 술, 과일, 포, 식혜, 떡, 국수, 탕, 적 등이 있다.

(5) 단오

음력 5월 5일을 단오·수리(戌衣) 또는 천중절(天中節)이라 부른다.

단오(端午)는 1년 중에서도 큰 명절로, '단(端)'은 끝과 처음이라는 뜻이 있고, '오(午)'자는 5(五)자와 음이 통하여 단오란 '초닷새'라는 뜻이 된다.

고대 중국의 음양사상에서 홀수를 양으로 치되, 5월 5일은 양기가 가장 왕성한 천중가절로 쳐왔다. 실제로 이때는 오랜 겨울을 보내고 신록이 우거지는 부활의 계절이며, 쑥이나 익모초(益母草) 등 약초를 뜯어도 약기운이 제일 많다고 한다.

우리 말로는 단오를 '수릿날'이라 한다. 『동국세시기(東國歲時記, 1849)』에는 이 날 쑥을 뜯어서 만들어 먹는 쑥떡이 수레바퀴 모양이기 때문에 수릿날이라는 이름이 생겼다고 적고 있다. 그러나 '수리'란 위, 높은 곳, 봉우리, 산 등의 뜻이 있으니, 수릿날이란 윗날 또는 신의 날이란 명절의 뜻을 가진 옛말이라는 주장에 더 수긍이 간다.

이 날 여자들은 나쁜 귀신을 쫓는다는 뜻에서 창포물에 머리를 감고 세수를 하였으며, 창포뿌리로 비녀를 깎아 머리에 꽂기도 하였다. 창포를 삶은 물에 머리를 감으면 머리칼이 소담스럽고 윤기가 난다고 하는데, 이 창포탕에 쑥을 넣어서 삶기도 한다. 또 이 날 익모초와 쑥을 뜯어 두는 풍속이 있다. 여름에 익모초를 달여서 즙을 먹으면 매우 쓰지만 식욕을 얻는다고 해서 민간의 약으로 태고적부터 동서양에서 써 왔다.

또한 이 날 민속놀이로서 남자들은 씨름과 활쏘기를 하여 승부를 겨뤘고, 여자들은 그네뛰기를 하여 단오명절의 성황을 이뤘다. 특히 강릉단오제와 법성포단오제 등이 유명하다.

단오(端午, 중오절)의 음식으로는 수리취 절편(멥쌀가루에 파랗게 데친 수리취를 곱게 다져 섞어 쪄서 몸이 곱도록 참기름을 발라가며 둥글 넙적하게 밀어 빚어서 수레바퀴 문양의 떡살로 찍어낸 것), 제호탕(醍醐湯, 오매(烏梅), 축사(縮沙), 백단(白檀), 사향(麝香) 등의 한약재를 곱게 갈아 꿀을 넣고 중탕으로 다려서 응고 상태로 두었다가 끓여 식힌 물에 타서 시원하게 마시는 청량제), 앵두편, 앵두화채, 생실과, 준치만두 등이 있다.

(6) 유두

음력 6월 15일은 유두(流頭)일이라고도 한다. 유두란 동류두목욕(東流頭沐浴)이란 말에서 나온 약자이다. 유두일에는 맑은 개울을 찾아가서 목욕하고 머리를 감아 하루를 청류(淸遊)한다. 그러면 액을 쫓고 여름에 더위를 먹지 않는다고 한다.

유두의 풍속은 신라 때에도 있었으며, 동류(東流)에 가서 머리를 담는 것은 동쪽은 청(淸)이요, 양기가 가장 왕성할 것이기 때문이다.

유두일에 문사들은 액막이로 술을 마시고 음식을 장만하여 계곡이나 맑은 냇물을 찾아 가서 풍월을 읊으며 하루를 즐겼는데, 이를 유두연(流頭宴)이라고 한다.

유두 무렵에는 참외·수박 등의 과일이 새로 나기 시작하고, 유두음식으로 수단(水團)·밀전병 등의 각종 떡이 있는데, 국수까지 아울러서 이들을 먼저 조상신께 올리니 이것이 유두천신(流頭薦新)이었다. 사당에 우두천신을 하고 나면 식구들이 그 음식을 나누어 먹는다. 이 날 먹는 수단이라는 것은 멥쌀가루를 쪄서 가래떡으로 만든 다음 구슬같이 둥글게 빚어 쌀가루를 씌워 삶아 찬 물에 헹구어서 건져낸 다음 오미자국에 띄워 내는 것으로 건단(乾團)이라고 해서 물에 넣지 않는 것도 있다. 밀전병은 빈대떡처럼 부친 것이다. 또 과일, 참외, 수박과 밀쌈, 구절판, 편수, 임자수탕, 깻국, 어선, 어채, 보리수단(햇보리를 골라서 한 알 한 알에 녹말가루를 묻혀서 데치기를 3~4회 반복하여 보리알이 말갛고 큼직하게 된 것을 오미자물에 꿀을 타서 띄운 음료) 등이 있다.

(7) 삼복

하지 후(夏至後) 셋째 경일(庚日)을 초복(初伏), 넷째 경일(庚日)을 중복(中伏), 입추 후 첫 경일(庚日)은 말복(末伏)이라 하고, 이 셋을 통틀어 삼복(三伏)이라고 한다. 한편 복날은 10일에 한 번씩 오지만, 말복은 입추관계로 20일만에 오는 경우가 많다. 절기상으로는 가장 힘겨운 농사인 김매기가 마무리되는 시점이다.

『동국세시기(東國歲時記)』 삼복조(三伏條)에 보면, 관심은 개장(狗湯)에 집중되어 있다. 개를 삶아 피를 넣고 푹 끓인 것을 개장이라 한다. 닭이나 죽순을 넣으면 더욱 좋다. 또 개국에 고춧가루를 타고 밥을 말아서 시절음식으로 먹는다. 그렇게 하여 땀을 흘리면 더위를 물리치고, 허한 것을 보충할 수 있다. 그것은 가장 허해지기 쉬운 때의 가장 손쉬운 우리의 영양보급의 방법이었던 것이다.

　또한 햇병아리를 잡아 인삼과 대추와 찹쌀을 넣고 삶아 먹는 삼계탕(蔘鷄湯)도 만들어 먹었으며, 복날에 팥죽을 먹는 것도 있는데, 팥죽은 무더운 복 중에 악귀를 쫓고 무병하려는 데서 오는 풍속이다. 이때 팥죽에는 찹쌀가루로 빚은 새알심을 넣어 끓였다.

　삼복(三伏) 음식으로 보신을 목적으로 하는 육개장, 개장국, 삼계탕, 잉어구이, 오이소박이, 증편, 구장, 복죽 등이 있다.

(8) 칠석

　음력 7월 7일은 칠석(七夕)이라 부르며, 견우성(牽牛星)과 직녀성(織女星)이 오작교(烏鵲橋)를 통해 1년 중 단 한 차례 만난다는 전설이 있는 날이다. 이 날 처녀들은 직녀성에 바느질 솜씨가 늘기를 빌고, 소년들은 학업성취를 빌었으니, 칠석날의 견우성과 직녀성은 젊은 이로 하여금 소원을 이루게 하는 것과 관련이 있고, 다음과 같은 전설이 있다.

　견우성과 직녀성의 두 별은 은하수를 사이에 두고 동서로 갈라져 있었다. 두 별은 서로 사랑을 하지만 마주 바라볼 뿐 은하수 때문에 뜻을 이룰 수가 없었다. 은하수에 다리만 있으면 자주 상봉하여 사랑을 나눌 수가 있겠으나 다리가 없는 것이 늘 원망스러웠다. 견우와 직녀의 딱한 사정을 알고 해마다 칠석날이 되면 지상에 있는 까치와 까마귀가 하늘로 올라가 은하수에 다리를 놓으니, 이것이 오작교(烏鵲橋)이다. 견우와 직녀는 1년에 한 번 소원을 이루나 사랑의 회포를 다 풀기도 전에 새벽닭이 울고 동쪽이 밝으면 다시 이별을 하지 않으면 안 되어 또 다시 1년을 떨어져서 보내야 한다.

　칠석날 지상에는 까치와 까마귀는 한 마리도 없으며, 어쩌다 있는 것은 병들어 하늘에 가서 오작교를 놓는 데 참여 못하는 것들 뿐이다. 칠석 저녁에 비가 내리면 견우와 직녀가 상봉하는 기쁨의 눈물이라고 하며, 이튿날 새벽에 비가 오면 이별의 슬픈 눈물이라고 한다. 칠석(七夕) 음식으로는 밀전병과 주악, 규아상, 영계찜, 어채, 열무김치, 밀설기 등이 있다.

(9) 추석

　음력 8월 15일은 추석(秋夕) · 한가위 · 가위 · 가배 · 중추절이라고 부르며, 예로부터 '오월 농부 팔월 신선'이라 하여 바쁜 일손을 잠시 쉬는 1년 중 가장 즐거운 명절이다. 이때는 농사일도 거의 끝나서 햇곡식을 먹을 수 있으며, 과실도 풍부하고, 달도 가장 밝아서 "더도

말고 덜도 말고 한가위만 같아라" 라는 말이 있을 정도이다.

지역마다 독특한 추석놀이가 있는데, 전라도는 강강수월래, 경기도·충북은 거북놀이로 유명하다. 여유있는 집에서 술과 음식을 대접하고, 농사에 꼭 필요한 소(牛)의 노고를 위로하고자 소의 놀이를 하기도 하였다. 전라도에서는 '올게심니'라 해서 추석을 전후하여 잘 익은 벼나 수수·조의 목을 모아 기둥이나 방문에 걸어 두고 다음 해의 풍년을 빌기도 했다.

이러한 추석의 유래는 신라 제3대 유리왕(儒理王) 9년에 여섯 부락의 여자들을 두 패로 나누어 칠월 보름부터 팔월 보름까지 길쌈짜기 시합을 하게 하여 이긴 편은 상을 주고, 진 편은 술과 음식을 이긴 편에게 대접하게 하면서 가무와 유희를 즐겼는데, 이것을 '가배(嘉俳)라고 하였으며, 이 때 부른 노래는 회소곡(回蘇曲)이라고 하였다는『삼국사기』(三國史記)의 기록에서 찾아 볼 수 있다. 이 길쌈의 공동작업은 영남지방에 그 풍속이 남아 있다.

추석은 민족 대명절이 되어 객지의 자손들이 고향을 찾아 차례를 지내고 성묘를 해 조상의 은혜를 잊지 않는 아름다운 풍속으로 정착하였다.

추석의 명칭은 처음에는 가배·가위라 칭해지다가 한문이 사용되기 시작하면서 중추·추중·칠석·월석 등으로 사용하였으며, 위에 정리되고 합해져 추석이라 부르게 된 것이다. 추석(秋夕) 음식으로는 오려송편(햅쌀로 만든 송편으로 멥쌀가루를 익반죽하여 햇녹두·거피팥·참깨가루 등을 소재로 하여 반달 모양으로 빚어 찐 떡), 토란탕, 밤단자, 닭찜, 화양적, 송이산적, 송이찜, 잡채, 김구이, 햇과실 등이 있다.

(10) 동지

동지(冬至)는 음력으로는 11월 중기(中氣)이며, 양력 12월 22일경이다. 밤의 길이가 가장 긴 때로, 11월을 동짓달이라고 부를 만큼 11월은 동지로 대표된다.

태양의 부활과 새로운 시작의 의미로 동지를 설이라고 했는데, 동짓날 부적으로 뱀 '사'(蛇)자를 써서 벽이나 기둥에 거꾸로 붙이면 악귀가 들어오지 못한다고도 민간신앙으로 전해지고 있다.

대부분의 가정에서 동지에는 팥죽을 쑨다. 찹쌀로 둥글게 빚은 새알심(옹심이)을 만들어 넣어 쑨 죽을 먼저 사당에 올려 차례를 지내고, 다음에 방·마루·부엌·광 등에 놓고, 대문에는 죽을 뿌려 둔다. 팥죽의 붉은 색은 양(陽)이 색으로써 귀신을 쫓는다고 믿는 축귀(逐鬼)의 의미가 담겨 있다.

동지(冬至)의 음식으로는 팥죽(붉은 햇팥을 푹 고아 거르고 찹쌀가루를 반죽하여 새알 모양

의 단자를 만들어서 같이 넣고 끓인 것), 전약(쇠족, 쇠머리와 가죽, 대추고, 계피, 후추, 꿀을 넣어 고아 굳힌 것), 냉면, 골동면, 수정과, 동치미, 장김치, 경단, 식혜 등이 있다.

〈절기별 특징〉

계절	대표 향토 음식	대표 향토 음식
봄	입춘(立春) : 양력 2월 4일경	봄의 시작
	우수(雨水) : 양력 2월 19일경	봄비가 내리고 싹이 틈
	경칩(驚蟄) : 양력 3월 6일경	개구리가 겨울잠에서 깸
	춘분(春分) : 양력 3월 21일경	낮이 길어지기 시작
	청명(淸明) : 양력 4월 5~6일	봄농사 시작
	곡우(穀雨) : 양력 4월 20일경	농사비가 내림
여름	입하(立夏) : 양력 5월 5~6일경	여름의 시작
	소만(小滿) : 양력 5월 21일경	본격적인 농사의 시작
	망종(亡種) : 양력 6월 6~7일경	씨뿌리기
	하지(夏至) : 양력 6월 21일경	연중 낮이 가장 긴 시기
	소서(小暑) : 양력 7월 7~8일경	여름 더위의 시작
	대서(大暑) : 양력 7월 23일경	더위가 가장 심한 시기
가을	입추(立秋) : 양력 8월 6~9일경	가을의 시작
	처서(處暑) : 양력 8월 23일경	더위 가고, 일교차가 커짐
	백로(白露) : 양력 9월 9일경	이슬이 내리는 시작
	추분(秋分) : 양력 9월 23일경	밤이 길어지기 시기
	한로(寒露) : 양력 10월 8일경	찬 이슬이 내리기 시작
	상강(霜降) : 양력 10월 23일경	서리가 내리기 시작
겨울	입동(立冬) : 양력 11월 7~8일경	겨울의 시작
	소설(小雪) : 양력 11월 23~24일경	얼음이 얼기 시작
	대설(大雪) : 양력 12월 7~8일경	겨울 큰 눈이 옴
	동지(冬至) : 양력 12월 22일경	연중 밤이 가장 긴 시기
	소한(小寒) : 양력 1월 5일경	겨울 중 가장 추운 때
	대한(大寒) : 양력 1월 20일경	겨울 큰 추위

한식조리기능사
실기편

Craftsman Cook, Korean Food

조리기능사 수험자 유의사항

1) 만드는 순서에 유의하며, 위생과 숙련된 기능평가를 위하여 조리작업 시 맛을 보지 않습니다.
2) 지정된 수험자지참준비물 이외의 조리 기구나 재료를 시험장 내에 지참할 수 없습니다.
3) 지급재료는 시험 전 확인하여 이상이 있을 경우 시험위원으로부터 조치를 받고 시험 중에는 재료의 교환 및 추가지급은 하지 않습니다.
4) 요구사항의 규격은 '정도'의 의미를 포함하며, 지급된 재료의 크기에 따라 가감하여 채점합니다.
5) 위생상태 및 안전관리 사항을 준수합니다.
6) 다음 사항에 대해서는 채점대상에서 제외하니 특히 유의하시기 바랍니다.

  가) 기권 – 수험자 본인이 시험 도중 시험에 대한 포기 의사를 표현하는 경우
  나) 실격
   (1) 가스레인지 화구 2개 이상(2개 포함) 사용한 경우
   (2) 불을 사용하여 만든 조리작품이 작품특성에 벗어나는 정도로 타거나 익지 않은 경우
   (3) 시험 중 시설·장비(칼, 가스레인지 등) 사용 시 감독위원 및 타수험자의시험 진행에 위협이 될 것으로 감독위원 전원이 합의하여 판단한 경우
  다) 미완성
   (1) 시험시간 내에 과제 두 가지를 제출하지 못한 경우
   (2) 문제의 요구사항대로 과제의 수량이 만들어지지 않은 경우
  라) 오작
   (1) 구이를 찜으로 조리하는 등과 같이 조리방법을 다르게 한 경우
   (2) 해당과제의 지급재료 이외의 재료를 사용하거나 석쇠 등 요구사항의 조리도구를 사용하지 않은 경우
  마) 요구사항에 명시된 실격, 미완성, 오작에 해당하는 경우

7) 항목별 배점은 위생상태 및 안전관리 5점, 조리기술 30점, 작품의 평가 15점입니다.

01

비빔밥

비빔밥은 밥 위에 여러 가지 나물들과 양념한 소고기를 얹어 비벼먹는 밥으로 기호에 따라 약고추장을 넣기도 한다. 여러 가지를 함께 섞어 먹는다는 의미로 골동반이라 하며, 영양학적으로 손색이 없는 균형 잡힌 일품요리이다.

시험시간
50분

 요구사항 주어진 재료를 사용하여 다음과 같이 비빔밥을 만드시오.

㉮ 채소, 소고기, 황·백 지단의 크기는 0.3cm×0.3cm×5cm로 써시오.
㉯ 호박은 돌려깎기하여 0.3cm×0.3cm×5cm로 써시오.
㉰ 청포묵의 크기는 0.5cm×0.5cm×5cm로 써시오.
㉱ 소고기는 고추장 볶음과 고명에 사용하시오.
㉲ 밥을 담은 위에 준비된 재료들을 색 맞추어 돌려 담으시오.
㉳ 볶은 고추장은 완성된 밥 위에 얹어 내시오.

 조리 Point

❶ 쌀 : 물(1 : 1.2)의 비율로 밥을 짓는다.
❷ 밥을 지을 때는 질거나 눋지 않도록 불 조절에 유의한다. (센 불 → 끓으면 중불 → 약불〈뜸〉)
❸ 그릇에 담을 때는 가장자리에서 밥이 보일 정도로 색을 맞춰 담는 것이 좋다.

만드는 법

❶ 불린 쌀 보다 물을 1.2배 넣고 밥을 고슬고슬하게 지어 놓는다. 파와 마늘은 곱게 다진다.

❷ 애호박은 돌려 깎기하여 0.3cm×0.3cm×5cm로 채 썰어 소금에 살짝 절여 면보에 물기를 짠다.

❸ 도라지는 0.3cm×0.3cm×5cm로 채 썰어 소금에 주물러 쓴맛을 뺀다.

❹ 청포묵은 0.5cm×0.5cm×5cm로 채 썰어 끓는 물에 데쳐서 식힌 후 소금·참기름으로 무친다.

❺ 고사리는 5cm 길이로 잘라서 양념장에 무친다.

❻ 소고기 중 일부는 0.3cm×0.3cm×5cm로 채 썰어 양념장으로 무치고, 나머지 소고기는 곱게 다져서 양념하여 약고추장에 사용한다.

❼ 다시마는 기름에 튀겨 잘게 부순다.

❽ 달걀은 황·백으로 나누어 소금을 넣고 잘 저어 지단을 부쳐 0.3cm×0.3cm×5cm로 채 썬다.

❾ 팬에 기름을 두르고 애호박, 도라지, 고사리, 소고기 순으로 볶는다.

❿ 팬에 기름을 두르고 다진 고기를 볶다가 고추장, 설탕, 물, 참기름을 넣어 부드럽게 볶아서 약고추장을 만든다.

⓫ 그릇에 밥을 담고 준비한 재료들을 색 맞추어 돌려 담은 뒤 약고추장을 얹어서 낸다.

지급재료

- 쌀(30분 정도 불린 쌀) 150g
- 애호박(길이 6cm) 60g
- 도라지(찢은 것) 20g
- 고사리(불린 것) 30g
- 청포묵(길이 6cm) 40g
- 소고기(살코기) 30g
- 달걀 1개
- 건다시마(5×5cm) 1장
- 고추장 40g
- 식용유 30mL
- 대파(흰부분 4cm 정도) 1토막
- 마늘(중, 깐 것) 2쪽
- 진간장 15mL
- 백설탕 15g
- 깨소금 5g
- 검은후춧가루 1g
- 참기름 5mL
- 소금(정제염) 10g

♣ 소고기·고사리 양념
- 간장 1큰술
- 설탕 ½큰술
- 다진 파 ½작은술
- 다진 마늘 ¼작은술
- 깨소금 조금
- 후춧가루 조금
- 참기름 5mL

♣ 약고추장
- 고추장 1큰술
- 설탕 1작은술
- 물 1큰술
- 참기름 조금

02 콩나물밥

콩나물밥은 콩나물과 소고기를 함께 지은 밥으로 양념장을 곁들여 비벼먹는 별미밥이다. 콩나물에 수분이 많아 밥물의 분량은 보통 쌀밥보다 적게 넣는다.

시험시간 **40분**

요구사항 주어진 재료를 사용하여 다음과 같이 콩나물밥을 만드시오.

㉮ 콩나물은 꼬리를 다듬고 소고기는 채썰어 간장양념을 하시오.
㉯ 밥을 지어 전량 제출하시오.

조리 Point

❶ 밥을 지을 때는 쌀과 물은 동량으로 하여 질거나 눋지 않도록 불 조절에 유의한다.
   (센 불 → 끓으면 중불 → 약불〈뜸〉)
❷ 소고기를 손질할 때 핏물을 충분히 제거해야 밥물이 탁해지지 않는다.
❸ 그릇에 담을 때는 재료를 골고루 섞어서 담는다.

만드는 법

1. 쌀은 깨끗이 씻어서 건진다.
2. 콩나물은 꼬리를 다듬어 씻어 놓는다.
3. 소고기는 결대로 곱게 채 썰어 간장 양념한다.
4. 냄비에 불린 쌀을 담고 분량의 콩나물을 얹은 다음, 양념한 소고기를 얹고 동량의 물을 넣어 밥을 짓는다.
5. 밥의 뜸이 들면 고루 섞어서 그릇에 담는다.

지급재료

- 쌀(30분 정도 불린 쌀) 150g
- 콩나물 60g
- 소고기(살코기) 30g
- 대파(흰부분 4cm 정도) 1/2토막
- 마늘(중, 깐 것) 1쪽
- 진간장 5mL
- 참기름 5mL

♣ 소고기 양념

- 간장 ½작은술
- 다진 파 조금
- 다진 마늘 조금
- 참기름 조금

03 장국죽

장국죽은 불린 쌀을 빻아 소고기·표고버섯과 함께 끓인 죽이므로 맛과 영양도 우수하여 노인이나 회복기의 환자, 어린아이의 이유식, 수험생 보충식으로 좋다.

시험시간 **30**분

요구사항

주어진 재료를 사용하여 다음과 같이 장국죽을 만드시오.

㉮ 불린 쌀을 반 정도로 싸라기를 만들어 죽을 쑤시오.
㉯ 소고기는 다지고 불린 표고는 3cm 정도의 길이로 채 써시오.

조리 Point

❶ 불린 쌀을 빻을 때 너무 곱게 부수면 죽이 풀같이 쑤어지므로 유의한다.
❷ 처음에는 센 불에서 끓인 후, 중불에서 서서히 끓이다가 약불에서 충분히 뜸을 들여야 쌀알이 잘 퍼진다.
❸ 간은 마지막에 맞추어야 죽이 삭지 않는다.
❹ 죽이 되직하여 추가로 물을 부을 경우, 반드시 한 번 더 끓여야만 맑은 물이 죽 위에 뜨는 것을 방지한다.

 **만드는 법**

❶ 불린 쌀은 씻어서 물기를 빼고 방망이로 빻아서 싸라기 정도로 만든다.

❷ 파, 마늘은 곱게 다진다.

❸ 소고기는 곱게 다지고, 불린표고버섯은 물기를 짠 후 포를 떠서 3cm 정도의 길이로 곱게 채 썬다. 소고기와 표고버섯은 각각 양념한다.

❹ 냄비에 참기름을 두르고 소고기와 표고버섯을 볶은 다음 으깬 쌀을 넣어서 충분히 볶는다.

❺ 쌀 분량의 5~6배의 물을 붓고 센 불에서 끓이다가 불을 줄여서 눌러 붙지 않게 저어가며 충분히 끓여준다.

❻ 쌀알이 충분히 퍼지면 국간장으로 죽의 색을 맞추고 끓인 다음 그릇에 담아낸다.

지급재료

- 쌀(30분 정도 불린 쌀) 100g
- 소고기(살코기) 20g
- 건표고버섯(지름 5cm 정도, 물에 불린 것) 1개
- 대파(흰부분 4cm 정도) 1토막
- 마늘(중, 깐 것) 1쪽
- 진간장 10mL
- 깨소금 5g
- 검은후춧가루 1g
- 참기름 10mL
- 국간장 10mL

♣ **소고기 · 표고버섯 양념**

- 간장 1작은술
- 다진 파 조금
- 다진 마늘 조금
- 깨소금 조금
- 후춧가루 조금
- 참기름 조금

04 국수장국

국수장국은 밀국수나 메밀국수를 따끈한 맑은 장국에 말아 오색 고명을 얹어 혼인 잔치의 손님접대상이나 어른의 생신상에 장수를 기원하는 의미로 내는 음식이다. 끓는 장국에 토렴하여 따끈한 장국을 부어서 불기 전에 바로 대접한다.

시험시간 30분

 **요구사항** 주어진 재료를 사용하여 다음과 같이 국수장국을 만드시오.

㉮ 호박은 돌려깎기하여 0.3cm×0.3cm×5cm, 황·백 지단은 0.2cm×0.2cm×5cm, 석이버섯은 채썰어 고명으로 사용하시오.
㉯ 소고기는 육수를 내고, 삶은 고기는 0.2cm×0.2cm×5cm 정도의 고명으로 사용하시오.
㉰ 국수에 1.5배 분량의 장국을 붓고 오색 고명을 올려내시오.

 조리 Point

❶ 국수는 미리 준비하지 않고, 장국과 고명을 만든 후 삶아야 면이 불지 않는다.
❷ 국수를 넣고 찬물을 1컵 정도 준비했다가 물이 끓으면 2~3회에 나눠서 부어준다. 삶은 국수는 불지 않게 찬물에 여러 번 헹군다.
❸ 석이버섯의 손질은 뜨거운 물에 불려 칼끝으로 이끼를 없애고 뿌리를 제거한 후 돌돌 말아서 곱게 채 썬다.
❹ 국수를 장국에 넣으면 싱거워지므로 장국의 간은 보통보다 조금 세게 간을 한다.

만드는 법

① 소고기는 핏물을 빼고 찬물에 파·마늘을 넣고 육수를 끓여 면보에 걸러낸 후 간장으로 색을 내고 소금으로 간을 맞춰 장국을 만든다.

삶은 고기는 건져서 0.2cm×0.2cm×5cm로 채 썬다.

② 호박은 돌려 깎은 후 0.3cm×0.3cm×5cm로 채 썰어 소금에 살짝 절였다가 물기를 제거한다.

③ 석이버섯은 물에 불려서 손질한 다음 채를 썬 후 참기름, 소금으로 양념한다.

④ 달걀은 황·백으로 나누어 지단을 부쳐 0.2cm×0.3cm×5cm 크기로 썬다. 실고추는 2cm 길이로 썬다.

⑤ 팬에 기름을 두르고 석이버섯, 호박 순으로 각각 볶는다.

⑥ 냄비에 물을 붓고 끓으면 국수를 펼쳐 넣고 끓으면 찬물을 2~3번 정도 부어 투명하게 삶아낸다.

⑦ 삶아낸 국수는 찬물에 헹구어 사리를 지어 그릇에 담고, 소고기, 호박, 황·백 지단, 석이버섯, 실고추를 얹어 뜨거운 장국을 1.5배 부어 낸다.

지급재료

- 소면 80g
- 소고기(살코기) 50g
- 달걀 1개
- 애호박(중, 길이 6cm) 60g
- 석이버섯(마른 것) 5g
- 실고추(길이 10cm 1~2줄기) 1g
- 식용유 5mL
- 참기름 5mL
- 소금(정제염) 5g
- 진간장 10mL
- 대파(흰부분 4cm 정도) 1토막
- 마늘(중, 깐 것) 1쪽

♣ 육수
- 물 3컵
- 다진 파 조금
- 다진 마늘 조금
- 소고기

♣ 장국 양념(2컵)
- 진간장 ½작은술
- 소금 1작은술

05 비빔국수

비빔국수는 국수를 삶아 양념장을 넣고 고루 비벼 먹는 것으로 소고기, 오이, 표고버섯 등이 함께 들어가며, 고명을 얹어 간장 양념이나 고추장 양념을 사용한다.

시험시간 **30분**

 요구사항 주어진 재료를 사용하여 다음과 같이 비빔국수를 만드시오.

- 가 소고기, 표고버섯, 오이는 0.3cm×0.3cm×5cm로 썰어 양념하여 볶으시오.
- 나 황·백 지단은 0.2cm×0.2cm×5cm로 썰어 고명으로 사용하시오.
- 다 삶은 국수는 유장처리하여 사용하시오.
- 라 실고추와 석이버섯은 채썰어 고명으로 사용하시오.

 조리 Point

1. 국수는 미리 준비하지 않고, 고명이 준비되면 국수를 삶는다.
2. 국수는 붇지 않게 밑간(참기름, 설탕)으로 양념하여 둔다.
3. 오이, 소고기, 표고버섯의 길이는 일정하게 썰어서 국수와 잘 어우러지게 비벼준다.

 **만드는 법**

❶ 소고기는 0.3cm×0.3cm×5cm로 채 썰고, 표고버섯은 기둥을 떼고 0.3cm×0.3cm×5cm로 채 썰어 각각 양념한다.

❷ 오이는 돌려 깎기하여 0.3cm×0.3cm×5cm로 채 썰어 소금에 절였다가 물기를 꼭 짠다.

❸ 석이버섯은 뜨거운 물에 불려 손질하여 곱게 채 썬 후 소금, 참기름으로 양념한다. 실고추는 2cm 길이로 자른다.

❹ 달걀은 황·백으로 나누어 지단을 부쳐 0.2cm×0.2cm×5cm 길이로 채 썬다.

❺ 팬에 기름을 두르고 석이버섯, 오이, 표고버섯, 소고기 순으로 볶아서 식힌다.

❻ 국수는 끓는 물에 삶아서 찬물에 헹구어 물기를 빼고 양념으로 밑간을 한 후 소고기, 표고, 오이를 넣고 버무려 그릇에 담고 황·백 지단, 석이버섯, 실고추를 고명으로 얹어낸다.

지급재료

- 소면 70g
- 소고기(살코기) 30g
- 건표고버섯(지름 5cm 정도, 물에 불린 것) 1개
- 석이버섯(마른 것) 5g
- 오이(20cm 정도) ¼개
- 달걀 1개
- 실고추(길이 10cm 1~2줄기) 1g
- 진간장 15mL
- 대파(흰부분 4cm 정도) 1토막
- 마늘(중, 깐 것) 2쪽
- 깨소금 5g
- 소금(정제염) 10g
- 참기름 10mL
- 검은후춧가루 1mL
- 백설탕 5g
- 식용유 20mL

♣ **소고기·표고버섯 양념**
- 간장 2작은술
- 설탕 ½작은술
- 다진 파 조금
- 다진 마늘 조금
- 후춧가루 조금
- 참기름 조금
- 깨소금 조금

♣ **국수 양념**
- 간장 1작은술
- 설탕 ½작은술
- 참기름 1작은술

06 칼국수

칼국수는 밀가루를 반죽하여 얇게 밀어서 칼로 썬다고 해서 붙여진 이름이다. 국수를 따로 삶지 않고 끓는 장국에서 바로 끓이기 때문에 제물칼국수라고도 한다.

시험시간 **50**분

 요구사항 주어진 재료를 사용하여 다음과 같이 칼국수를 만드시오.

㉮ 국수의 굵기는 두께가 0.2cm, 폭은 0.3cm가 되도록 하시오.
㉯ 멸치는 육수용으로 사용하시오.
㉰ 애호박은 돌려 깎아 채썰고, 표고버섯은 채 썰어 볶아 실고추와 함께 고명으로 사용하시오.
㉱ 국수와 국물의 비율은 1 : 2 정도가 되도록 하시오.

 조리 Point

❶ 반죽을 밀 때 덧가루를 사용하면 서로 달라붙지 않아서 좋으나 많이 사용하면 국물이 걸쭉하고 탁해지므로 육수에 넣고 끓이기 전에 덧가루를 충분히 털어서 여분의 밀가루를 없애는 것이 좋다.
❷ 면이 익으면서 두꺼워지므로, 반죽의 두께를 주의한다.
❸ 마른 멸치가 눅눅할 때는 팬에 기름 없이 볶아서 사용하면 비린내가 나지 않는다.

 만드는 법

1. 밀가루는 체에 내린 후 소금, 물을 넣고 되직하게 반죽하여 비닐봉지에 넣어 숙성시킨다.
2. 멸치는 머리와 내장을 제거하고 찬물(3컵)에 파와 마늘을 넣고 끓이면서 떠오르는 거품은 걷어내고 멸치국물이 충분히 우러나면 면보에 걸러둔다.
3. 표고버섯은 물기를 꼭 짜고 기둥을 떼어 두께 0.2cm, 폭 0.3cm 곱게 채 썰어 간장, 설탕, 참기름으로 양념한다.
4. 애호박은 돌려깎기하여 0.3cm×0.3cm×5cm로 채 썰어 소금에 절였다가 물기를 짠다.
5. 팬에 기름을 두르고 애호박과 표고버섯을 각각 볶아서 식혀둔다.
6. 반죽을 0.2cm 두께로 밀어서 0.3cm 폭으로 썰고 서로 달라붙지 않도록 털어준다.
7. 멸치육수가 끓으면 간장으로 색을 내고 소금으로 간맞추어 썰어놓은 칼국수를 넣고 붙지 않도록 저어가며 끓인다.
8. 그릇에 칼국수와 국물을 담고 애호박, 표고버섯, 실고추를 고명으로 얹어 낸다.

지급재료

- 밀가루(중력분) 100g
- 멸치(장국용, 대) 20g
- 애호박(중, 길이 6cm) 60g
- 건표고버섯(지름 5cm 정도, 물에 불린 것) 1개
- 실고추(길이 10cm 1~2줄기) 1g
- 마늘(중, 깐 것) 1쪽
- 대파(흰부분 4cm 정도) 1토막
- 식용유 10mL
- 소금(정제염) 5g
- 진간장 5mL
- 참기름 5mL
- 백설탕 5g

♣ 표고버섯 양념
- 간장 조금
- 설탕 조금
- 참기름 조금

♣ 육수
- 물 3컵
- 멸치(장국용) 20g
- 진간장 조금
- 파·마늘 조금
- 소금 조금

07 만둣국

만둣국은 만두 속의 재료와 모양에 따라 종류가 다양하다. 만두를 빚어 끓는 장국에 넣어 익혀 먹는 음식으로 북쪽 지방에서 즐겨먹던 것이었으나, 현재에는 사시사철 먹는 보편화된 음식이 되었다.

시험시간 **45분**

요구사항 주어진 재료를 사용하여 다음과 같이 만둣국을 만드시오.

㉮ 지급된 소고기는 육수와 만두속 재료로 사용하시오.
㉯ 만두피는 지름 8cm의 둥근 모양으로 하여, 5개를 만드시오.
㉰ 황·백 지단과 미나리 초대 각 2개씩을 고명으로 사용하시오. [완자(마름모꼴) 모양]

조리 Point

❶ 밀가루 반죽이 되직할 경우는 젖은 면보로 싸두었다가 다시 반죽을 치대어서 쫄깃하게 만든다.
❷ 육수에 만두를 넣고서 만두가 냄비에 붙지 않도록 주의한다.
❸ 중불에서 끓여야 만두가 터지지 않는다.

만드는 법

1. 밀가루는 체에 내린 후 소금, 물을 넣고 되직하게 반죽하여 비닐봉지에 넣어 숙성 시킨다.
2. 소고기의 일부는 곱게 다지고, 나머지 소고기는 핏물을 빼고 찬물에 파·마늘을 넣고 육수를 끓인다.
3. 두부는 면보에 싸서 물기를 제거한 후 곱게 으깬다.
4. 숙주는 손질하여 소금물에 데쳐서 물기를 제거하고 잘게 다진다. 배추김치는 잘게 다져서 물기를 제거한다.
5. 다진 소고기, 두부, 숙주, 배추김치를 섞어 양념하여 만두소를 만든다.
6. 달걀은 황·백으로 분리한 후 각각 ½의 달걀물로 황·백 지단을 부쳐서 2cm×2cm의 마름모꼴로 썬다.
7. 미나리는 줄기만 6cm 길이로 꼬지에 꿰어 밀가루, 달걀물을 묻혀서 미나리 초대를 지져낸 후 2cm×2cm의 마름모꼴로 썬다.
8. 밀가루 반죽을 지름 8cm, 두께 0.1cm로 밀어 만두피를 만들고, 소를 넣고 반으로 접어 양끝을 맞붙여 만두를 빚는다.
9. 끓인 육수는 면보에 걸러 간장으로 색을 내고 소금으로 간을 맞춘 후, 빚은 만두를 넣는 후 만두가 떠오르면 국물과 같이 그릇에 담고 황·백 지단과 미나리 초대를 띄운다.

지급재료

- 밀가루(중력분) 60g
- 소고기(살코기) 60g
- 두부 50g
- 숙주(생 것) 30g
- 배추김치 40g
- 달걀 1개
- 미나리(줄기 부분) 20g
- 대파(흰부분 4cm 정도) 1토막
- 마늘(중, 깐 것) 2쪽
- 소금(정제염) 5g
- 검은후춧가루 2g
- 식용유 5mL
- 깨소금 5g
- 참기름 10mL
- 국간장 5mL
- 산적꼬지 1개

♣ 만두소 양념

- 소금 조금
- 깨소금 조금
- 참기름 조금
- 다진 파 1작은술
- 다진 마늘 ½작은술
- 후춧가루 조금

♣ 육수

- 물 3컵
- 국간장 1작은술
- 파·마늘 조금
- 소금 조금

08 완자탕

완자탕은 맑은 육수에 다진 소고기와 두부를 으깨어 빚은 완자를 넣고 끓인 맑은 국이다.

시험시간 **30**분

 요구사항 주어진 재료를 사용하여 다음과 같이 완자탕을 만드시오.

㉮ 완자는 직경 3cm 정도로 6개를 만들고, 국 국물의 양은 200mL 정도 제출하시오.
㉯ 달걀은 지단과 완자용으로 사용하시오.
㉰ 고명으로 황·백 지단(마름모꼴)을 각 2개씩 띄우시오.

 조리 Point

❶ 육수를 만들 때는 찬물에 고기를 넣고, 끓으면 약불에서 은근히 끓여야 국물이 맑게 된다.
❷ 두부와 소고기는 곱게 다져서 충분히 치대주어야 완자의 표면이 매끄럽다.
❸ 탕을 끓일 때 은근한 불에서 끓여야 완자의 껍질과 모양이 흐트러지지 않는다.

만드는 법

① 소고기의 사태는 핏물을 빼고 찬물에 파·마늘을 넣고 육수를 만든다. 소고기 살코기는 곱게 다진다.

② 두부는 면보에 싸서 물기를 제거하고 곱게 으깬 후, 다진 소고기와 섞어 양념을 넣고 끈기 있게 치댄다.

③ 달걀은 황·백으로 분리하여 황·백 지단을 부쳐서 2cm×2cm의 마름모꼴로 썬다.

④ 치댄 완자 반죽을 직경 3cm 크기의 완자를 6개 만들어 밀가루를 묻히고 여분의 밀가루는 충분히 털어낸 다음 달걀물을 입히고 기름 두른 팬에서 굴려가며 지져낸다.

⑤ 끓인 육수는 면보에 걸러 국간장으로 색을 내고 소금으로 간을 맞추고, 끓으면 불을 줄이고 지져낸 완자를 넣은 후 잠시 끓이다가 그릇에 담고 황·백 지단을 띄어낸다.

지급재료

- 소고기(살코기) 50g
- 소고기(사태부위) 20g
- 대파(흰부분 4cm 정도) ½토막
- 밀가루(중력분) 10g
- 마늘(중, 깐 것) 2쪽
- 식용유 20mL
- 소금(정제염) 10g
- 검은후춧가루 2g
- 두부 15g
- 달걀 1개
- 키친타올(종이, 주방용(소, 18×20cm)) 1장
- 국간장 5mL
- 참기름 5mL
- 깨소금 5g
- 백설탕 5g

♣ 소고기·두부 양념
- 소금 조금
- 다진 파 1작은술
- 다진 마늘 ½작은술
- 참기름 조금
- 깨소금 조금
- 후춧가루 조금

두부젓국찌개

두부젓국찌개는 굴과 두부에 새우젓으로 간을 맞추어 끓이는 맑은 찌개(조치)로 짧은 시간에 끓여야만 맑고 시원한 맛을 낼 수 있다.

시험시간 **20분**

 요구사항 주어진 재료를 사용하여 다음과 같이 두부젓국찌개를 만드시오.

- 가 두부는 2cm×3cm×1cm로 써시오.
- 나 홍고추는 0.5cm×3cm, 실파는 3cm 길이로 써시오.
- 다 간은 소금과 새우젓으로 하고, 국물을 맑게 만드시오.
- 라 찌개의 국물은 200mL 정도 제출하시오.

 **조리 Point**

1. 두부의 형태가 부서지거나 탁해지지 않도록 도톰하게 썬다.
2. 새우젓은 다진 국물만 사용하고, 굴은 오래 끓이면 국물이 탁해지고 크기가 작아지므로 주의한다. (굴이 익으면 동그랗게 부풀어 오른다.)

 **만드는 법**

 **지급재료**

- 두부 100g
- 생굴(껍질 벗긴 것) 30g
- 실파(1뿌리) 20g
- 홍고추(생) ½개
- 새우젓 10g
- 마늘(중, 깐 것) 1쪽
- 참기름 5mL
- 소금(정제염) 5g

❶ 굴은 연한 소금물로 흔들어 씻어 이물질과 껍질을 골라내고 체에 바쳐서 물기를 제거한다.

❷ 두부는 2cm×3cm×1cm두께로 썬다.

❸ 실파는 3cm 길이로 썬다.

❹ 붉은 고추는 씨와 속을 제거하고 0.5cm×3cm의 길이로 썬다.

❺ 냄비에 물 2컵을 붓고 새우젓 국물과 소금으로 간을 하여 끓으면 두부를 넣고 잠깐 끓인 후, 굴을 넣어 동그랗게 부풀어 오르면 다진 마늘, 홍고추, 실파를 넣고 끓으면 불을 끈 후 참기름을 1~2방울 떨어뜨린다.

❻ 완성된 두부젓국찌개는 그릇에 담아낸다.

10 생선찌개

생선찌개는 조기·민어·대구·동태 등의 생선과 무·호박·쑥갓 등의 채소에 고추장·고춧가루를 넣어 매콤하게 끓인 찌개이다. 찌개는 간을 하는 주재료에 따라 고추장찌개, 된장찌개, 젓국찌개 등으로 나눌 수 있다.

시험시간 **30분**

요구사항

주어진 재료를 사용하여 다음과 같이 생선찌개를 만드시오.

- ㉮ 생선은 4~5cm 정도의 토막으로 자르시오.
- ㉯ 무, 두부는 2.5cm×3.5cm×0.8cm로 써시오.
- ㉰ 호박은 0.5cm 반달형, 고추는 통 어슷썰기, 쑥갓과 파는 4cm로 써시오.
- ㉱ 고추장, 고춧가루를 사용하여 만드시오.
- ㉲ 각 재료는 익는 순서에 따라 조리하고, 생선살이 부서지지 않도록 하시오.
- ㉳ 생선머리를 포함하여 전량 제출하시오.

조리 Point

① 생선을 손질할 때 지느러미는 너무 끝을 바싹 자르지 않는다. 익으면 껍질이 벗겨져 보인다.
② 찌개를 끓일 때에는 재료가 단단한 것부터 넣어야 하며, 생선은 국물이 끓을 때 넣어야 살이 부서지지 않는다.
③ 간을 맞출 때 고추장을 많이 넣으면 국물이 텁텁해지고 개운한 맛이 적어 고춧가루와 소금을 적절히 사용한다.

 ## 만드는 법

① 생선은 비늘을 긁고, 지느러미를 떼고, 내장을 손질하여 잘 씻어서 4~5cm 정도로 토막 낸다.

② 무, 두부는 2.5cm×3.5cm×0.8cm로 썬다.

③ 호박은 0.5cm 두께의 반달형으로 썬다.

④ 쑥갓과 실파는 4cm 길이로 썬다.

⑤ 풋고추와 홍고추는 어슷 썰어 씨를 제거한다.

⑥ 마늘과 생강은 다진다.

⑦ 냄비에 물(3컵)을 넣고 고추장을 풀어서 끓이다가 무를 넣고, 익으면 생선을 넣어 끓어오르면 호박, 두부, 고춧가루, 마늘, 생강을 넣고 끓이면서 소금으로 간을 맞춘다.

⑧ 거품을 걷어내면서 끓이다가 풋고추, 홍고추를 넣고 한소끔 끓인 후 실파와 쑥갓을 넣고 불을 끄고 그릇에 담는다.

지급재료

- 동태(300g 정도) 1마리
- 무 60g
- 애호박 30g
- 두부 60g
- 풋고추(길이 5cm 이상) 1개
- 홍고추(생) 1개
- 쑥갓 10g
- 마늘(중, 깐 것) 2쪽
- 생강 10g
- 실파(2뿌리) 40g
- 고추장 30g
- 소금(정제염) 10g
- 고춧가루 10g

♣ 양념장

- 고추장 1큰술
- 고춧가루 1작은술
- 소금 ½작은술
- 다진 마늘 1작은술
- 다진 생강 ½작은술

소고기전골

소고기전골은 소고기를 양념하여 여러 가지 재료를 전골냄비에 색스럽게 돌려 담은 후 육수를 부어 끓인 음식이다.

시험시간 **30**분

 요구사항   주어진 재료를 사용하여 다음과 같이 소고기전골을 만드시오.

가 소고기는 육수와 전골용으로 나누어 사용하시오.
나 전골용 소고기는 0.5cm×0.5cm×5cm 정도 크기로 썰어 양념하여 사용하시오.
다 양파는 0.5cm 정도 폭으로, 실파는 5cm 정도 길이로, 나머지 채소는 0.5cm×0.5cm×5cm 정도 크기로 채썰고, 숙주는 거두절미하여 데쳐서 양념하시오.
라 모든 재료를 돌려 담아 소고기를 중앙에 놓고 육수를 부어 끓인 후 달걀을 올려 반숙이 되게 끓여 잣을 얹어내시오.

 **조리 Point**

① 무와 당근은 80% 정도 익혀서 채 썰어 준다.
② 소고기는 핏물을 완전히 제거한 후 양념하여 끓이면 국물이 깨끗하다.
③ 달걀은 국물이 끓으면 중앙에 넣고 국물을 수저로 끼얹어 가면서 반숙이 되게 끓인다.

만드는 법

1. 냄비에 물을 넣고 무와 당근을 삶아 익으면 건져내고, 숙주는 거두절미해서 데친 후 소금, 참기름으로 밑간을 한다.
2. 소고기 사태는 핏물을 빼고 냄비에 물 3컵, 대파, 마늘을 넣고 끓여 육수는 걸러서 간장으로 색을 내고 소금으로 간을 한다.
3. 소고기는 0.5cm×0.5cm×5cm로 채썰어 소고기 양념을 한다.
4. 무, 당근, 표고는 0.5cm×0.5cm×5cm로 채썰고, 양파는 0.5cm 정도의 폭으로 채썰고, 실파는 5cm 정도 길이로 썬다.
5. 전골냄비에 모든 재료를 돌려 담고, 소고기는 중앙에 돌려 담은 후 육수를 부어 끓인 후 달걀을 올려 국물을 끼얹어 반숙이 되면 잣을 얹어 낸다.

- 소고기(살코기) 70g
- 소고기(사태부위) 30g
- 건표고버섯(불린 것) 3장
- 숙주(생 것) 50g
- 무(길이 5cm 정도) 60g
- 당근(길이 5cm 정도) 40g
- 양파(중, 150g 정도) 1/4개
- 실파(2뿌리) 40g
- 달걀 1개
- 잣 10알
- 대파(흰부분, 4cm 정도) 1토막
- 마늘(중, 깐 것) 2개
- 진간장 10mL
- 백설탕 5g
- 깨소금 5g
- 참기름 5mL
- 소금 10g
- 검은후춧가루 1g

♣ 소고기 양념
- 간장 2작은술, 설탕 1작은술, 다진 파, 다진 마늘, 깨소금, 후추, 참기름 각 적량씩

♣ 육수
- 물 3컵, 소고기(사태부위), 대파, 마늘, 간장(색), 소금간

두부전골

두부전골은 두부를 주재료로 하여 무, 당근, 소고기 등을 넣고 육수를 자작하게 부어 끓인 음식이다.

시험시간 **40**분

 **요구사항**   주어진 재료를 사용하여 다음과 같이 두부전골을 만드시오.

가 두부는 3cm×4cm×0.8cm 정도 크기 7개를 녹말을 묻혀 지져서 전골에 돌려 담으시오.
나 소고기는 육수와 완자용으로 나누어 사용하고, 완자는 두부와 소고기를 섞어 지름 1.5cm 정도 크기로 5개 만들어 지져서 사용하시오.
다 달걀은 황·백 지단으로 5cm×1.2cm 정도 크기로 써시오.
라 채소는 5cm×1.2cm×0.5cm 정도 크기로 썰어 사용하고 무, 당근은 데치고 거두절미한 숙주는 데쳐서 양념하시오.
마 재료를 색 맞추어 돌려 담고 가운데에 두부를 돌려 담아 완자를 중앙에 놓고 육수를 부어 끓여내시오.

 조리 Point
❶ 두부는 썰어서 소금으로 간을 하여 부서지지 않게 한다.
❷ 프라이팬에 지지기 전에 전분을 묻혀 지진다.
❸ 소고기는 육수용과 완자용으로 나눠서 사용한다.

 **만드는 법**

지급재료

① 냄비에 물을 넣고 무와 당근을 삶아 익으면 건져내고, 숙주는 거두절미 해서 데친 후 소금, 참기름으로 밑간을 한다.

② 소고기 사태는 냄비에 물 3컵, 대파, 마늘 넣고 끓여 육수는 걸러서 간장으로 색을 내고 소금으로 간을 한다.

③ 두부는 3㎝×4㎝×0.8㎝ 두께로 7개 썰어 소금으로 간을 하고 녹말을 묻혀 팬에 지진다.

④ 완자용 소고기는 곱게 다지고, 두부는 물기를 제거해서 으깬 후 소금, 다진 파, 다진 마늘, 깨소금, 후추, 참기름 넣고 치대어 완자를 직경 1.5㎝ 크기로 5개 만들고, 밀가루, 달걀물을 묻혀 팬에 지진다.

⑤ 달걀은 황백으로 지단을 부쳐 5㎝×1.2㎝ 정도 크기로 썬다.

⑥ 무, 당근, 표고는 5㎝×1.2㎝×0.5㎝ 두께로 썰고, 실파는 5㎝ 길이로 썬다.

⑦ 전골냄비에 색 맞추어 돌려 담고, 가운데에 두부 돌려 담아 중앙에 완자를 놓고 육수를 부은 다음 끓여서 낸다.

- 두부 200g
- 소고기(살코기) 30g
- 소고기(사태부위) 20g
- 무(길이로 5cm 이상) 60g
- 당근(길이로 5cm 이상) 60g
- 실파(2뿌리) 40g
- 숙주(생 것) 50g
- 건표고버섯(불린 것) 2개
- 달걀 2개
- 마늘(중, 깐 것) 3개
- 대파(흰부분, 4cm 정도) 1토막
- 진간장 20mL
- 소금 5g
- 참기름 5mL
- 식용유 20mL
- 밀가루(중력분) 20g
- 녹말가루(감자전분) 20g
- 검은후춧가루 2g
- 깨소금 5g
- 키친타올(종이, 주방용, 소 18×20cm) 1장

♣ 육수
- 물 3컵, 소고기(사태부위), 대파, 마늘, 간장(색), 소금간

13 돼지갈비찜

돼지갈비찜은 돼지갈비, 채소와 고추의 매운 맛을 내어 만드는 찜이다. 핏물을 빼고 생강즙을 넣어 고기의 누린 냄새와 연육효과를 주어 찜의 부드러움과 향을 좋게 한다.

시험시간 **30분**

요구사항

주어진 재료를 사용하여 다음과 같이 돼지갈비찜을 만드시오.

가. 갈비는 핏물을 제거하여 사용하시오.
나. 감자와 당근은 3cm 정도 크기로 잘라 모서리를 다듬어 사용하시오.
다. 완성된 갈비찜은 잘 무르고 부서지지 않게 조리하시오.
라. 갈비는 전량을 국물과 함께 담아 제출하시오.

조리 Point

1. 갈비는 찬물에서 핏물을 뺀 다음 사용해야 한다.
2. 갈비찜은 처음에는 센 불에서 끓이다가 불을 낮추어 은근하게 익히고, 마지막에 뚜껑을 열고 양념장을 끼얹으며 졸여야 윤기가 난다.

 **만드는 법**

① 돼지갈비는 찬물에 담가서 핏물을 빼낸 후, 기름기를 떼고 칼집을 넣어 끓는 물에 데쳐 기름기를 뺀다.
② 감자와 당근은 사방 3cm 크기로 썰어 모서리를 둥글게 다듬고, 양파는 길이 5cm, 폭은 3cm로 썬다.
③ 홍고추는 어슷 썰어 씨를 제거한다.
④ 파, 마늘, 생강을 곱게 다져서 분량의 양념을 넣고, 양념장을 만든다.
⑤ 냄비에 데친 갈비와 당근 양념장의 2/3, 물을 넣어 센 불에서 끓이다가 끓어오르면 감자를 넣고 중불에서 서서히 조린다.
⑥ 갈비에 간이 들면 양파, 홍고추, 나머지 양념장을 넣은 후 뚜껑을 열고 양념장을 끼얹어 가며 윤기 나게 조린다.
⑦ 그릇에 갈비찜을 담고 국물을 끼얹는다.

 **지급재료**

- 돼지갈비(5cm 토막) 200g
- 감자(150g 정도) 1/2개
- 당근(길이 7cm 정도, 곧은 것) 50g
- 대파(흰부분 4cm 정도) 1토막
- 마늘(중, 깐 것) 2쪽
- 생강 10g
- 진간장 40mL
- 백설탕 20g
- 검은후춧가루 2g
- 깨소금 5g
- 참기름 5mL
- 양파(150g 정도) 1/3개
- 홍고추(생) 1/2개

♣ **양념장**

- 간장 1큰술
- 설탕 1큰술
- 생강즙 1작은술
- 다진 마늘 1작은술
- 다진 파 2작은술
- 참기름 1작은술
- 후춧가루 조금
- 깨소금 조금
- 물 2컵

닭찜

닭찜은 닭의 기름기를 제거한 후 깨끗이 손질하여 토막을 내어 채소와 양념장을 넣어 조림하여 만드는 찜요리이다.

시험시간
35분

 **요구사항** 주어진 재료를 사용하여 다음과 같이 닭찜을 만드시오.

㉮ 닭은 4~5cm 정도로 토막을 내시오.
㉯ 닭은 끓는 물에 기름을 제거하고, 부서지지 않게 조리하시오.
㉰ 당근은 3cm 정도 크기로 잘라 모서리를 다듬어 사용하시오.
㉱ 완성된 닭찜은 5토막 이상 제출하시오.
㉲ 황·백 지단은 완자(마름모꼴)모양으로 만들어 고명으로 각 2개씩 얹으시오.

❶ 닭을 깨끗이 손질하여 토막낼 때 껍질이 붙어있게 자른다.
❷ 채소는 익는 시간이 다르므로 설익거나 무르게 익지 않도록 시간 차를 두어 넣어준다.
❸ 찜은 처음에는 센 불에서 끓이다가 불을 낮추어 은근하게 익히고 마지막에 뚜껑을 열고 양념장을 끼얹으며 졸여야 윤기가 난다.

만드는 법

① 닭은 깨끗이 손질하여 4~5cm 길이로 토막을 내어 끓는 물에 데쳐서 기름기를 뺀다.

② 파, 마늘, 생강을 곱게 다져서 다른 양념을 넣고 양념장을 만든다.

③ 양파, 당근은 사방 3cm 크기로 썰고, 당근은 모서리를 둥글게 다듬는다.

④ 표고버섯은 기둥을 떼고 2~3cm 조각으로 썬다.

⑤ 달걀은 황·백으로 나눠 소금을 넣고 풀어준 후 지단을 부쳐 마름모꼴로 썬다. 은행은 소금을 넣어 볶아준 후 뜨거울 때 속껍질을 벗긴다.

⑥ 닭, 당근, 양념장의 2/3를 넣고 물을 2컵 정도 부어 처음에는 센 불에서 끓이다가 불을 줄여서 은근하게 끓인다.

⑦ 닭이 어느 정도 익으면 표고버섯, 양파, 나머지 양념장을 넣고 천천히 끓인다.

⑧ 국물이 거의 없어지면 은행을 넣고 센 불에서 윤기 나게 조린 후 그릇에 담고 황·백 지단, 은행을 고명으로 얹는다.

지급재료

- 닭(1마리 600g 정도를 세로로 반을 갈라 지급) 1/2마리
- 양파(중, 150g 정도) 1/3개
- 당근(길이 7cm 정도, 곧은 것) 50g
- 건표고버섯(지름 5cm 정도, 물에 불린 것) 1개
- 달걀 1개
- 대파(흰부분 4cm 정도) 1토막
- 마늘(중, 깐 것) 2쪽
- 생강 10g
- 진간장 50mL
- 백설탕 20g
- 검은후춧가루 2g
- 깨소금 5g
- 참기름 10mL
- 은행(겉껍질 깐 것) 3개
- 소금(정제염) 5g
- 식용유 30mL

♣ 양념장

- 간장 3큰술
- 설탕 2큰술
- 생강즙 1작은술
- 다진 파 2작은술
- 다진 마늘 1작은술
- 참기름 1작은술
- 후춧가루 조금
- 깨소금 조금
- 물 2컵

북어찜

15

북어찜은 말린 북어를 물에 불리거나 코다리를 간장양념을 넣어 부드럽게 만든 찜이다. 다른 생선보다 지방 함유량이 적어서 맛이 담백하고 밥반찬으로 적당하다.

시험시간 **25분**

 요구사항 주어진 재료를 사용하여 다음과 같이 북어찜을 만드시오.

㉮ 완성된 북어의 길이는 5cm가 되도록 하시오.
㉯ 북어찜은 가로로 잘라 3토막 이상 제출하시오.
   (단, 세로로 잘라 3/6토막 제출할 경우 수량부족으로 미완성 처리)

 조리 Point
❶ 북어를 다듬을 때 부서지지 않고 푹 무르도록 찜을 한다.
❷ 손질한 북어의 껍질에 칼집을 넣고 조리해야 오그라드는 것을 방지할 수 있다.
❸ 북어찜은 불의 온도가 세면 북어 모양이 뒤틀리므로, 중불에서 끓이다가 약불로 조절하여 찜을 한다.

 **만드는 법**

1. 북어는 물에 불린 후 머리, 지느러미, 꼬리를 제거하고 뼈를 발라낸다. 손질된 북어를 5cm 정도의 크기로 세 토막을 낸 다음 껍질 쪽에 잔 칼집을 넣어 오그라들지 않게 한다.
2. 대파의 반은 3cm 길이로 곱게 채 썰고, 나머지 대파와 마늘, 생강은 곱게 다져서 양념장을 만든다.
3. 냄비에 북어를 담고 양념장을 넣고 약 불에서 천천히 끓이면서 양념을 자주 위에 끼얹는다.
4. 북어가 잘 무르고 국물이 없어지면 실고추, 파채를 얹어 잠시 뜸을 들이고 국물과 함께 그릇에 담는다.

 **지급재료**

- 북어포(반을 갈라 말린 껍질이 있는 것 40g) 1마리
- 진간장 30mL
- 백설탕 10g
- 대파(흰부분 4cm 정도) 1토막
- 마늘(중, 깐 것) 2쪽
- 생강 5g
- 검은후춧가루 2g
- 깨소금 5g
- 참기름 5mL
- 실고추(길이 10cm 1~2줄기) 1g

♣ **양념장**

- 간장 2큰술
- 설탕 1큰술
- 생강즙 ¼작은술
- 다진 마늘 ½작은술
- 다진 파 1작은술
- 참기름 조금
- 깨소금 조금
- 후춧가루 조금
- 물 1컵

달걀찜

16

달걀찜은 달걀을 부드럽게 풀어서 새우젓이나 소금으로 간을 하여 쪄낸 음식으로, 부드럽고 소화가 쉬워 이유식, 환자식, 노인식에 적당하다.

시험시간 **25분**

 요구사항 주어진 재료를 사용하여 다음과 같이 달걀찜을 만드시오.

㉮ 새우젓은 국물만 사용하고 실고추, 실파는 1cm로 썰어 고명으로 사용하시오.
㉯ 석이버섯은 채 썰어 양념하여 볶아 고명으로 사용하시오.
㉰ 달걀찜은 중탕하거나 찜통에 찌시오.

 조리 Point

① 불을 강하게 하면 결이 곱지 않으므로 중불로 찌다가 약불로 뜸을 들인다.
② 찜 그릇에 달걀물을 붓고 뚜껑을 덮어서 찜통에 찌거나 중탕으로 쪄낸다.
③ 중탕으로 할 경우 젖은 행주를 바닥에 깔아야 달걀물이 흔들리지 않고 곱게 쪄진다.
④ 그릇에 따라 시간의 차이가 있다. (스테인리스 8분 정도, 멜라민 10~12분, 도자기 12~15분)

 **만드는 법**

① 달걀은 잘 풀어서 물 ½컵, 새우젓 국물, 소금을 넣고 고루 섞은 다음 체에 내린다.
② 석이버섯은 뜨거운 물에 불려서 손질하여 곱게 채 썰어 소금, 참기름으로 양념하여 살짝 볶는다.
③ 실고추는 1cm 길이로 잘라 놓고, 실파는 1cm 길이로 어슷하게 썬다.
④ 달걀물을 찜 그릇에 담아 거품을 제거하고 뚜껑을 덮거나 랩(또는 호일)을 씌워 김이 오른 찜통에서 10분 정도 약불에서 찐다.
⑤ 달걀이 익으면 준비된 실고추, 실파, 석이버섯을 올리고 살짝 김을 올려서 낸다.

 **지급재료**

- 달걀 1개
- 새우젓 10g
- 실파(1뿌리) 20g
- 석이버섯(부서지지 않은 것, 마른 것) 5g
- 실고추(길이 10cm 1~2줄기) 1g
- 참기름 5mL
- 소금(정제염) 10g

17 오이선

오이선은 싱싱한 오이에 여러 가지 고명을 소로 넣어 새콤달콤하며 아삭하게 만들어 차게 먹는 요리이다.

시험시간 **25분**

 요구사항 주어진 재료를 사용하여 다음과 같이 오이선을 만드시오.

- ㉮ 오이를 길이로 1/2등분한 후, 4cm 간격으로 어슷하게 썰어 4개를 만드시오(반원 모양).
- ㉯ 일정한 간격으로 3군데 칼집을 넣고 부재료를 일정량씩 색을 맞춰 끼우시오.
  (단, 달걀은 황·백으로 분리하여 사용하시오.)
- ㉰ 촛물을 오이선에 끼얹어 내시오.

 조리 Point
1. 오이선은 차게 준비했다가 제출하기 직전에 촛물을 끼얹어야 색이 변하지 않는다.
2. 절인 오이를 기름 두른 팬에서 살짝 볶아야 색이 곱고 아삭하다.
3. 속 재료는 채가 곱고 짧아야 모양이 깔끔하다.

 **만드는 법**

① 오이는 소금으로 문질러 씻어서 반으로 길게 갈라 4cm 길이로 어슷하게 썬 다음 일정한 간격을 두고 밑 부분이 1cm 남게 3번의 칼집을 어슷하게 넣어 소금물에 절인다.
② 소고기와 표고버섯은 3cm 길이로 곱게 채 썰어 각각 양념한다.
③ 달걀은 황·백으로 분리하여 소금을 조금 넣고 지단을 얇게 부쳐 2~3cm 길이로 곱게 채 썬다.
④ 절인 오이는 면보에 싸서 물기를 제거하여 기름을 두른 팬에 색이 변하지 않게 살짝 볶는다.
⑤ 양념한 소고기와 표고버섯은 각각 볶는다.
⑥ 설탕, 식초, 물, 소금을 분량대로 넣어 잘 섞어서 촛물을 만든다.
⑦ 오이의 칼집 사이에 볶은 소고기, 표고버섯, 황·백 지단을 각각 보기좋게 끼운다.
⑧ 촛물은 내기 직전에 오이선 위에 끼얹어 낸다.

 **지급재료**

- 오이(가늘고 곧은 것, 20cm 정도) 1/2개
- 소고기(살코기) 20g
- 건표고버섯(지름 5cm 정도, 물에 불린 것) 1개
- 달걀 1개
- 참기름 5mL
- 검은후춧가루 1g
- 소금(정제염) 20g
- 진간장 5mL
- 백설탕 5g
- 식용유 15mL
- 깨소금 5g
- 식초 10mL
- 대파(흰부분 4cm 정도) 1토막
- 마늘(중, 깐 것) 1쪽

♣ 소고기·표고버섯 양념
- 간장 ½작은술
- 설탕 ¼작은술
- 다진 파 조금
- 다진 마늘 조금
- 참기름 조금
- 깨소금 조금
- 후춧가루 조금

♣ 촛물
- 설탕 ½큰술
- 식초 1큰술
- 소금 약간
- 물 1큰술

18 호박선

호박선은 애호박을 반으로 갈라서 토막내고 어슷하게 칼집을 넣거나 열 자로 칼집을 넣어 사이사이에 고기소를 채워 장국을 부어 찐 음식이다. 선(膳)이란 오이, 가지 등의 채소의 찜을 말하며, 색깔과 맛이 산뜻하여 전채요리에 많이 이용한다.

시험시간 **35분**

 요구사항 주어진 재료를 사용하여 다음과 같이 호박선을 만드시오.

㉮ 애호박은 길이로 반을 갈라서 4cm 길이로 어슷썰기를 한 후 3번 칼집을 넣어 소금물에 살짝 절여 사용하시오.
㉯ 소고기, 표고버섯, 당근은 곱게 채 썰어 양념하시오.
㉰ 황·백 지단은 0.1cm×0.1cm×2cm, 실고추는 2cm, 잣은 반으로 쪼개어(비늘잣) 석이버섯과 함께 고명으로 얹으시오.
㉱ 완성된 호박선은 2개를 겨자장과 함께 제출하시오.
 (단, 호박을 열십(十)자로 칼집을 내어 제출하는 경우는 오작 처리)

 **조리 Point**

❶ 호박은 1cm 간격으로 3번 칼집을 내고 속을 약간 파낸 다음 소금물에 충분히 절여야 속 재료를 매끈하게 끼워 넣을 수 있다.
❷ 호박은 소금물에 절일 때 칼집을 넣은 윗부분이 밑으로 가게 뒤집어서 절여야 잘 절여진다.
❸ 속 재료는 채가 곱고 짧아야 모양이 깔끔하다.
❹ 육수를 너무 많이 붓거나 소를 많이 넣으면 소가 빠져 나오므로 주의한다.
❺ 육수를 넣고 끓일 때 처음에는 센 불에서 끓여야 색이 파랗게 되나, 오래 끓이면 소가 빠져 나오거나 호박이 너무 물러서 색이 누렇게 되므로 주의한다.

 ## 만드는 법

① 애호박은 길이로 반 갈라서 어슷하게 4cm 길이로 잘라 밑 부분이 1cm 정도 남게 3번의 칼집을 넣는다. 소금물에 충분히 절여서 물기를 뺀다.

② 소고기는 곱게 채 썰고, 표고버섯은 기둥을 떼어낸 후 포를 떠서 곱게 채 썰어 양념한다.

③ 당근은 0.1cm×0.1cm×2cm로 곱게 채 썰어 끓는 물에 살짝 데친 다음 물기를 제거한다.

④ 달걀은 황·백으로 분리하여 소금을 넣고 지단을 부쳐서 0.1cm×0.1cm×2cm 길이로 곱게 채 썬다.

⑤ 석이버섯은 뜨거운 물에 불려서 손질하여 곱게 채 썰어 소금, 참기름으로 양념하여 살짝 볶는다.

⑥ 실고추는 2cm 길이로 잘라 놓고, 잣은 고깔을 떼어 비늘잣을 만든다.

⑦ 양념한 소고기와 표고버섯, 당근을 섞어서 소를 만들어 절인 호박의 칼집을 낸 사이에 끼워 넣는다.

⑧ 냄비에 간을 맞춘 물을 호박이 반 정도 잠길 만큼 부어 익힌다. (육수는 물에 간장으로 색, 소금으로 간을 맞춘다.)

⑨ 겨자는 따뜻한 물로 되직하게 개어서 냄비 뚜껑 위에 엎어 10분 정도 발효시킨 다음 재료를 넣어 겨자장을 만든다.

⑩ 호박선을 그릇에 담고 육수 2큰술을 호박선 위에 촉촉하게 끼얹은 후 황·백 지단, 석이채, 잣, 실고추를 고명으로 얹고, 겨자장을 곁들여 낸다.

 ## 지급재료

- 애호박(가는것, 1/2개 정도 지급) 150g
- 소고기(살코기) 20g
- 진간장 10mL
- 대파(흰부분 4cm 정도) 1토막
- 마늘(중, 깐 것) 1쪽
- 건표고버섯(지름 5cm 정도, 물에 불린 것) 1개
- 검은후춧가루 1g
- 깨소금 5g
- 참기름 5mL
- 식용유 10mL
- 당근(길이 7cm 정도 곧은 것) 50g
- 달걀 1개
- 석이버섯(부서지지 않은 것, 마른 것) 5g
- 실고추(길이 10cm 1~2줄기) 1g
- 잣(깐 것) 3개
- 소금(정제염) 10g
- 겨자가루 5g
- 식초 5mL
- 백설탕 10g

♣ 소고기·표고버섯 양념

- 간장 1작은술
- 설탕 ½작은술
- 다진 파 조금
- 다진 마늘 조금
- 참기름 조금
- 깨소금 조금
- 후춧가루 조금

♣ 겨자장

- 발효시킨 겨자 1작은술
- 물 1큰술
- 식초 1작은술
- 설탕 1작은술
- 간장 조금

19 어선

어선은 흰살생선인 가자미, 광어, 대구, 농어, 민어 등을 얇고 넓게 포를 떠서 소고기, 버섯, 오이 등의 소를 넣고 말아서 쪄낸 여름철에 잘 어울리는 음식이다.

시험시간 **50분**

 **요구사항** 주어진 재료를 사용하여 다음과 같이 어선을 만드시오.

㉮ 생선살은 어슷하게 포를 떠서 사용하시오.
㉯ 돌려깎은 오이, 당근, 표고버섯은 채썰어 볶아 사용하고, 달걀은 황·백 지단채로 사용하시오.
㉰ 어선은 속재료가 중앙에 위치하도록 하여 지름 3cm, 두께 2cm로 6개를 제출하시오.

 조리 Point

❶ 속 재료는 모두 익은 재료로 생선살만 익으면 되므로, 오래 찌지 않도록 주의한다. 오래 쪄낼 경우 오이와 당근의 색이 변하고 생선살도 터질 수가 있다.
❷ 생선살 위에 녹말가루를 충분히 골고루 뿌려주고, 속 재료를 물기 없이 볶아 식혀서 사용해야 빈틈없이 촘촘하게 말아져서 어선의 모양이 흐트러지지 않는다.
❸ 쪄낸 어선은 완전히 식혀서 썰어야 생선살이 부서지지 않는다.

 **만드는 법**

 **지급재료**

1. 생선(동태)은 비늘을 긁고 머리, 지느러미, 내장을 제거하고 물로 깨끗이 씻은 다음 물기를 닦아내고 3장 뜨기를 한다.
2. 생선의 껍질쪽을 밑으로 가도록 두고 꼬리쪽에 칼을 앞으로 밀면서 껍질을 벗겨낸다.
3. 생선살은 두께가 0.2cm 되도록 어슷하게 얇고 넓게 포를 떠서 소금, 흰 후춧가루, 생강즙를 뿌려서 밑간을 한다.
4. 표고버섯은 기둥을 떼어내고 포를 뜬 다음 곱게 채로 썰어 양념한다.
5. 당근은 5cm×0.3cm로 곱게 채 썰고, 오이는 돌려 깎기하여 5cm×0.3cm로 채 썰어 소금에 절였다가 물기를 제거한다.
6. 달걀은 황·백으로 나누어 소금을 넣고 잘 저어서 지단을 부친 다음 5cm×0.3cm×0.3cm로 채 썬다.
7. 팬에 기름을 두르고 오이, 당근, 표고버섯을 각각 볶아낸다.
8. 도마에 김발을 놓고 그 위에 젖은 면보를 깐 다음 녹말가루를 뿌리고, 포 뜬 생선살을 빈틈없이 잘 펴놓고 녹말가루를 골고루 뿌려서 재료들을 색깔에 맞추어 길게 놓고 끝에 녹말을 약간 바르고 지름이 3cm 되게 둥글게 말아서 김이 오른 찜통에 넣어 약 10분간 찐다.
9. 생선이 식으면 2cm 두께로 썰어 6개를 접시에 담는다.

- 동태(500~800g 정도, 동태포는 안 됨) 1마리
- 달걀 1개
- 당근(길이 7cm 정도 곧은 것) 50g
- 건표고버섯(지름 5cm 정도, 물에 불린 것) 1개
- 오이(20cm 정도) 1/3개
- 백설탕 15g
- 생강 10g
- 소금(정제염) 10g
- 흰후춧가루 2g
- 녹말가루 30g
- 진간장 20mL
- 참기름 5mL
- 식용유 30mL

♣ **표고버섯 양념**
- 간장 조금
- 설탕 조금
- 참기름 조금

두부조림

두부조림은 두부를 기름에 노릇노릇하게 지져서 양념장에 조린 음식이다. 두부의 고소한 맛이 양념장과 잘 어우러져 반찬에 많이 이용된다.

시험시간 **25분**

 **요구사항** 주어진 재료를 사용하여 다음과 같이 두부조림을 만드시오.

가 두부는 0.8cm×3cm×4.5cm로 써시오.
나 8쪽을 제출하고, 촉촉하게 보이도록 국물을 약간 끼얹어 내시오.
다 실고추와 파채를 고명으로 얹으시오.

 조리 Point
❶ 두부를 지질 때 기름을 넉넉히 두르고 노릇하게 지져내야 두부의 살이 단단해져 부서지지 않는다.
❷ 그릇에 담을 때 조림장 국물을 촉촉하게 끼얹어 낸다.
❸ 두부는 일정한 크기로 썰어야 통일감이 있고 모양이 예쁘다.

 **만드는 법**

① 두부는 3cm×4.5cm×0.8cm로 썰어서 소금을 뿌린 후 물기를 제거한다.
② 대파의 반은 3cm 길이로 잘라 곱게 채 썬다. 나머지 파와 마늘은 곱게 다져 양념장을 만든다.
③ 실고추는 3cm 길이로 잘라준다.
④ 팬에 기름을 넣고 달궈지면 두부를 노릇노릇하게 앞뒤로 지진다.
⑤ 냄비에 지진 두부를 넣고 양념장을 부어 끓으면 국물을 끼얹어가며 천천히 윤기 나게 조린다.
⑥ 두부가 어느 정도 조려지면 파채, 실고추를 올린 후 뚜껑을 덮어서 잠시 뜸을 들여 국물과 함께 담아낸다.

 **지급재료**

- 두부 200g
- 대파(흰부분 4cm 정도) 1토막
- 실고추(길이 10cm 1~2줄기) 1g
- 검은후춧가루 1g
- 참기름 5mL
- 소금(정제염) 5g
- 오이(20cm 정도) 1/3개
- 마늘(중, 깐 것) 1쪽
- 식용유 30mL
- 진간장 15mL
- 깨소금 5g
- 백설탕 5g

♧ **조림 양념장**

- 간장 1큰술
- 설탕 ½큰술
- 물 ⅗컵
- 다진 파 1작은술
- 다진 마늘 ½작은술
- 깨소금 조금
- 참기름 조금
- 검은후춧가루 조금

21 홍합초

홍합초는 생 홍합 또는 말린 홍합을 불려서 국물이 걸쭉하고 윤기 나게 조린 음식이다. 초(炒)란 윤기 나게 조린다는 의미로 조림보다는 간을 약하게 하고 달게 조리는 것으로 말린 해삼, 전복, 조갯살 등을 이용한다.

시험시간 **20분**

요구사항 주어진 재료를 사용하여 다음과 같이 홍합초를 만드시오.

㉮ 마늘과 생강은 편으로, 파는 2cm로 써시오.
㉯ 홍합은 전량 사용하고, 촉촉하게 보이도록 국물을 끼얹어 제출하시오.
㉰ 잣가루를 고명으로 얹으시오.

조리 Point

❶ 홍합초는 딱딱해지지 않도록 중불에서 양념장을 끼얹어가며 은근히 조려야 색깔이 곱고 윤기가 난다.
❷ 홍합 안쪽의 잔털을 제거할 때 홍합이 부스러지지 않게 주의한다.

 **만드는 법**

❶ 생 홍합을 물에 흔들어 씻은 후 안쪽의 잔털을 제거하고, 끓는 물에 살짝 데쳐낸다.

❷ 마늘과 생강은 0.2cm 두께로 편으로 썬다.

❸ 파는 2cm 길이로 썰어 둔다.

❹ 잣은 고깔을 떼고 종이 위에 놓고 곱게 다져서 잣가루를 만든다.

❺ 냄비에 간장, 설탕, 물을 넣어 끓으면 중불로 1/2 정도 졸인 다음 데친 홍합, 마늘편, 생강편을 넣고 중불에서 국물을 끼얹어가며 서서히 조린다.

❻ 국물이 거의 졸면 대파를 넣고 마지막에 참기름, 후춧가루를 넣고 고루 섞는다.

❼ 그릇에 홍합초를 담고 국물을 조금 끼얹은 후 잣가루를 뿌린다.

지급재료

- 생홍합(굵고 싱싱한 것, 껍질 벗긴 것으로 지급) 100g
- 대파(흰부분 4cm 정도) 1토막
- 검은후춧가루 2g
- 참기름 5mL
- 마늘(중, 깐 것) 2쪽
- 진간장 40mL
- 생강 15g
- 백설탕 10g
- 잣(깐 것) 5개
- A4 용지 1장

♣ **조림장**
- 간장 1큰술
- 설탕 1큰술
- 물 6큰술
- 참기름 조금
- 후춧가루 조금

22 오징어 볶음

오징어 볶음은 오징어의 껍질을 벗겨서 안쪽에서 사선으로 칼집을 넣은 다음 채소와 같이 고추장 양념으로 볶아내는 음식이다. 술안주나 밥반찬으로 애용되며 두루치기라는 이름으로 불리워지기도 한다.

시험시간 **30분**

 요구사항 주어진 재료를 사용하여 다음과 같이 오징어 볶음을 만드시오.

㉮ 오징어는 0.3cm 폭으로 어슷하게 칼집을 넣고, 크기는 4cm×1.5cm 정도로 써시오.
(단, 오징어 다리는 4cm 길이로 자른다.)
㉯ 고추, 파는 어슷썰기, 양파는 폭 1cm로 써시오.

 조리 Point

❶ 오징어는 몸통 안쪽(뼈 있는 쪽)에서 가로·세로로 칼집을 넣고 가로로 잘라야 모양이 일정하고 말려 오그라들지 않는다. 세로로 자를 경우 동그랗게 말려 버린다.
❷ 오징어의 껍질은 소금을 묻혀서 잡아당기거나 행주로 벗기면 잘 벗겨진다.
❸ 오징어 볶음은 센 불에서 단시간 볶아야 물이 생기지 않고 덜 질기다.

만드는 법

① 오징어는 먹물이 터지지 않게 내장을 제거하고 몸통과 다리의 껍질을 벗겨 깨끗이 씻은 후 몸통 안쪽에 가로·세로 0.3cm 간격으로 어슷하게 칼집을 넣어 4cm 길이와 1.5cm 너비로 썬다. 다리도 4cm 길이로 자른다.

② 양파는 1cm 두께로 채 썬다.

③ 풋고추, 홍고추는 어슷하게 썰어 씨를 털어내고, 대파는 어슷하게 썬다.

④ 마늘과 생강은 곱게 다져서 분량의 양념을 넣어서 양념장을 만든다.

⑤ 팬에 기름을 넣고 뜨거워지면 양파를 살짝 볶은 후 오징어를 넣고 볶으면서 양념장을 넣고 간이 배도록 볶는다.

⑥ 오징어 칼집이 벌어지고 고춧가루 색이 배면 풋고추, 홍고추, 대파를 넣고 골고루 섞은 후 그릇에 담아낸다.

지급재료

- 물오징어(250g 정도) 1마리
- 소금(정제염) 5g
- 진간장 10mL
- 백설탕 20g
- 참기름 10mL
- 깨소금 5g
- 풋고추(길이 5cm 이상) 1개
- 홍고추(생) 1개
- 양파(중, 150g 정도) 1/3개
- 마늘(중, 깐 것) 2쪽
- 대파(흰부분 4cm 정도) 1토막
- 생강 5g
- 고춧가루 15g
- 고추장 50g
- 검은후춧가루 2g
- 식용유 30mL

♣ 양념장
- 고추장 2큰술
- 고춧가루 1큰술
- 간장 조금
- 설탕 1½큰술
- 다진 마늘 1큰술
- 다진 생강 1작은술
- 깨소금 조금
- 참기름 조금
- 후춧가루 조금

23 육원전

육원전은 소고기나 돼지고기를 곱게 다져 물기를 짠 두부와 섞어서 양념하여 둥글고 납작하게 빚어 기름에 지져낸 음식이다. 돈전 또는 완자전이라고도 한다.

시험시간 **20분**

 요구사항 주어진 재료를 사용하여 다음과 같이 육원전을 만드시오.

- ㉮ 육원전은 직경이 4cm, 두께 0.7cm 정도가 되도록 하시오.
- ㉯ 달걀은 흰자, 노른자를 혼합하여 사용하시오.
- ㉰ 육원전은 6개를 제출하시오.

 조리 Point

❶ 육원전은 팬에서 지진 후 크기가 작아지고 두께는 더 두꺼워지므로, 완자를 빚을 때 직경은 좀 더 크게 두께는 좀 더 얇게 한다.

❷ 육원전은 약불에서 은근히 지져야 타지 않고 속까지 익는다. 기름이 많거나 불의 온도가 높으면 전의 모양이 예쁘지 않다.

 ## 만드는 법

① 소고기는 곱게 다지고, 두부는 면보에 싸서 물기를 제거한 후 칼등으로 곱게 으깬다.
② 파, 마늘은 곱게 다진다.
③ 곱게 다진 소고기와 두부를 섞어 양념을 넣고 끈기가 나도록 충분히 치대준 다음 직경 4cm×0.7cm 두께로 둥글납작하게 빚는다.
④ ③에 밀가루를 고루 묻힌 후 달걀물을 입혀서 기름 두른 팬에 속까지 잘 익도록 앞뒤로 지져낸다.

 ## 지급재료

- 소고기(살코기) 70g
- 두부 30g
- 밀가루(중력분) 20g
- 달걀 1개
- 대파(흰부분 4cm 정도) 1토막
- 검은후춧가루 2g
- 참기름 5mL
- 소금(정제염) 5g
- 마늘(중, 깐 것) 1쪽
- 식용유 30mL
- 깨소금 5g
- 백설탕 5g

♣ 소고기 · 두부소 양념

- 소금 ⅓작은술
- 다진 파 1작은술
- 다진 마늘 ½작은술
- 참기름 조금
- 후춧가루 조금

24 생선전

생선전은 흰살생선인 민어, 광어, 대구, 동태, 가자미 등을 사용하여 포를 떠서 지져낸 음식이다. 전유어, 전유화, 전, 저냐라고 부른다.

시험시간 **25분**

 요구사항 주어진 재료를 사용하여 다음과 같이 생선전을 만드시오.

- 가 생선전은 0.5cm×5cm×4cm로 만드시오.
- 나 달걀은 흰자, 노른자를 혼합하여 사용하시오.
- 다 생선전은 8개 제출하시오.

 조리 Point

1. 생선을 손질할 때 꼬리 부분부터 포를 뜨는데, 칼이 뼈 위를 스치게 하고 중간 부분부터는 살이 많으므로 조심히 포를 뜬다.
2. 생선 껍질을 벗길 때는 칼날을 세우지 말고 비스듬히 눕혀서 힘을 주지 말고 좌우로 앞으로 밀듯이 껍질을 벗겨야 껍질이 끊어지지 않는다.
3. 생선살은 뼈 부분과 내장 부분을 정리하고, 포를 뜬 다음 자근자근 두드려가며 일정하게 크기와 두께를 손질해야 생선전이 깔끔하다.
4. 생선전의 밀가루를 묻힐 때 여분의 밀가루는 충분히 털어주고, 달걀물은 노른자를 많이 넣어야 색이 곱고 표면이 매끄럽다.

- 동태(400g 정도) 1마리
- 밀가루(중력분) 30g
- 달걀 1개
- 소금(정제염) 10g
- 흰후춧가루 2g
- 식용유 50mL

만드는 법

① 생선(동태)은 비늘을 긁고 머리, 지느러미, 내장을 제거하고 물로 깨끗이 씻은 다음 물기를 닦아내고 3장 뜨기를 한다.

② 생선의 껍질 쪽을 밑으로 가도록 두고 꼬리 쪽에서부터 칼을 넣어 껍질을 벗겨낸다.

③ 생선살은 두께 0.5cm로 비스듬히 얇게 5cm×4cm의 크기로 어슷하게 포를 떠서 소금, 흰 후춧가루를 뿌려 밑간을 한다.

④ 포 뜬 생선에 밀가루를 묻히고 달걀물을 입혀서 기름 두른 팬에 노릇하게 지져낸다.(지질 때 뼈 쪽의 살 부분을 먼저 지져낸다)

⑤ 그릇에 뼈 쪽의 살 부분이 위로 담는다.

♣ **생선 양념**
- 소금 조금
- 흰 후춧가루 조금

25

표고전

표고전은 건표고버섯을 불려서 밑간을 한 후 고기로 소를 만들어 채운 뒤 전을 부친 것이다. 생표고버섯보다는 건표고버섯이 더 맛있고 비타민 D도 풍부하다.

시험시간 **20분**

요구사항 주어진 재료를 사용하여 다음과 같이 표고전을 만드시오.

㉮ 표고버섯과 속은 각각 양념하여 사용하시오.
㉯ 표고전은 5개를 제출하시오.

조리 Point

❶ 불린 표고버섯은 윗면에 꽃 모양으로 칼집을 내어 지져내면 모양이 예쁘다.
❷ 표고버섯의 색을 살리려면 겉면에 밀가루와 달걀물이 묻지 않도록 주의한다.
❸ 건표고버섯은 따뜻한 물에 설탕을 넣게 되면 더 빨리 불려진다.
❹ 건표고버섯은 충분히 불린 후 물기를 꼭 짜서 양념해야 전을 부칠 때 물기가 생기지 않는다.

 **만드는 법**

❶ 불린 건표고버섯은 기둥을 떼고 물기를 꼭 짠 다음 안쪽을 자근자근 두드려서 편편하게 한 후 간장, 설탕, 참기름으로 밑간을 한다.

❷ 소고기는 곱게 다지고, 두부는 면보에 싸서 물기를 제거한 후 칼등으로 곱게 으깬다.

❸ 파, 마늘은 곱게 다진 다음 ❷를 합하여 양념을 넣고 끈기가 나도록 충분히 치대준다.

❹ 표고버섯 안쪽에 밀가루를 고루 묻힌 후 고기소를 꼭꼭 채워서 편편하게 만든다.

❺ 고기소를 채운 쪽에 밀가루를 묻히고 달걀물을 입혀서 기름 두른 팬에 속까지 잘 익도록 지진 후, 뒤집어서 표고버섯 윗면을 살짝 지져낸다.

❻ 그릇에 완성된 표고전 5개를 담아낸다.

 **지급재료**

- 건표고버섯(지름 2.5~4cm 정도) 5개
- 소고기(살코기) 30g
- 두부 15g
- 밀가루(중력분) 20g
- 달걀 1개
- 대파(흰부분 4cm 정도) 1토막
- 참기름 5mL
- 소금(정제염) 5g
- 깨소금 5g
- 마늘(중, 깐 것) 1쪽
- 식용유 20mL
- 진간장 5mL
- 백설탕 5g
- 검은후춧가루 1g

♣ **표고버섯 양념**
- 진간장 ½작은술
- 설탕 조금
- 참기름 조금

♣ **소고기 두부소 양념**
- 소금 ⅓작은술
- 설탕 조금
- 다진 파 ½작은술
- 다진 마늘 ¼작은술
- 깨소금 조금
- 참기름 조금
- 후춧가루 조금

풋고추전

풋고추전은 연하고 싱싱한 풋고추를 반으로 갈라서 씨와 속을 제거하고 고기소를 채워서 지져내는 음식이다.

시험시간 25분

 **요구사항** 주어진 재료를 사용하여 다음과 같이 풋고추전을 만드시오.

㉮ 풋고추는 5cm 길이로, 소를 넣어 지져 내시오.
㉯ 풋고추는 잘라 데쳐서 사용하며, 완성된 풋고추전은 8개를 제출하시오.

 조리 Point

① 풋고추전은 고기소를 충분히 끈기가 나도록 치대주어야 표면이 매끄럽다.
② 풋고추가 10cm보다 길 경우 양끝을 살려서 가운데를 잘라주고, 10cm보다 작으면 반으로 잘라준다. 또 풋고추의 모양이 곧지 않을 경우 끝을 정리하고 길이에 맞게 잘라준다.
③ 풋고추전을 지져낸 후 풋고추 겉면은 기름 묻은 종이로 닦아내면 색이 곱다.

 **만드는 법**

① 풋고추는 꼭지를 따고 길이로 반으로 갈라 씨와 속을 털어내고 5cm 길이로 잘라 끓는 소금물에 살짝 데쳐낸 후, 찬물로 헹구어 물기를 제거한다.

② 소고기는 곱게 다지고, 두부는 면보에 싸서 물기를 제거한 후 칼등으로 곱게 으깬다.

③ 파, 마늘은 곱게 다진 다음 ②를 섞어 양념을 넣고 끈기가 나도록 충분히 치대준다.

④ 풋고추 안쪽에 밀가루를 살짝뿌리고 소를 편편하게 채운 다음, 소 넣은 쪽만 밀가루를 묻혀 털어내고, 달걀 물을 묻힌다.

⑤ 기름 두른 팬에 소가 있는 쪽부터 고기가 익도록 지진 다음 뒤집어서 풋고추 겉면을 살짝 지진다.

⑥ 풋고추전 8개를 그릇에 담아낸다.

 **지급재료**

- 풋고추(길이 11cm 이상) 2개
- 소고기(살코기) 30g
- 두부 15g
- 밀가루(중력분) 15g
- 달걀 1개
- 대파(흰부분 4cm 정도) 1토막
- 검은후춧가루 1g
- 참기름 5mL
- 소금(정제염) 5g
- 깨소금 5g
- 마늘(중, 깐 것) 1쪽
- 식용유 20mL
- 백설탕 5g

♣ 소고기 두부소 양념

- 소금 조금
- 설탕 조금
- 다진 파 ½작은술
- 다진 마늘 ¼작은술
- 깨소금 조금
- 참기름 조금
- 후춧가루 조금

27 채소튀김

채소튀김은 단호박, 깻잎, 고구마 등을 밀가루, 달걀, 물을 넣고 갠 후 재료를 묻혀 튀겨낸 음식이다.

시험시간 **20분**

 요구사항 주어진 재료를 사용하여 다음과 같이 채소튀김을 만드시오.

가 단호박은 길이로 잘라 씨와 속을 긁어내고 0.3cm 두께로 자르시오.
나 고구마는 0.3cm 두께 원형으로 잘라 전분기를 제거하여 사용하시오.
다 깻잎은 찬물에 담가 두었다가 물기를 제거하고 사용하시오.
라 밀가루와 달걀을 섞어 반죽을 만들고, 튀김은 각 3개씩 제출하시오.
마 초간장에 잣가루를 뿌려 곁들여 내시오.

 조리 Point
❶ 고구마는 썰어서 찬물에 담가 전분을 뺀 후 튀겨야 바삭하게 튀겨진다.
❷ 깻잎은 찬물에 담가 싱싱하게 준비한다.
❸ 튀김반죽은 튀기기 직전에 만들어 기름 온도가 160~170℃에 튀겨야 바삭하게 튀길 수 있다.

 **만드는 법**

① 단호박은 속을 긁어내고 길이로 0.3㎝ 두께로 3개를 썬다.

② 고구마는 0.3㎝ 두께의 원형으로 3개를 썰어 껍질을 벗겨 찬물에 담갔다가 물기를 제거한다.

③ 깻잎은 찬물에 담갔다가 물기를 제거한다.

④ 밀가루에 달걀노른자, 물을 섞어서 튀김반죽을 만든다.

⑤ 재료에 밀가루를 묻히고 튀김반죽을 입혀 튀김기름 160℃ 정도에 튀겨낸다.

⑥ 접시에 A4 용지를 깔고 그 위에 튀김을 담는다.

⑦ 초간장을 만들어 곁들여 낸다.

 **지급재료**

- 단호박(길이로 등분할 것) 100g
- 고구마(원형을 살려 등분할 것) 100g
- 깻잎 3장
- 밀가루(박력분) 100g
- 달걀 1개
- 식용유 500mL
- 진간장 10mL
- 백설탕 5g
- 식초 10mL
- 잣 2알
- A4 용지 1장
- 키친타올(종이, 주방용, 소 18×20cm) 1장

♣ **튀김반죽**
- 밀가루 6큰술
- 달걀물 5큰술(물 1컵+난황 1개)

♣ **초간장**
- 간장 2작은술
- 설탕 1작은술
- 식초 2작은술
- 잣가루

28 섭산적

섭산적은 소고기를 곱게 다져서 으깬 두부와 양념하여 충분히 치댄 후 넓적하게 반대기를 지어 석쇠에 구운 산적의 일종이다. 섭산적을 간장, 설탕, 물을 넣고 윤기나게 조려낸 것을 장산적이라 한다. 섭(攝)이란 두드린다는 뜻이다.

시험시간 **30분**

 요구사항 주어진 재료를 사용하여 다음과 같이 섭산적을 만드시오.

㉮ 고기와 두부의 비율을 3:1 정도로 하시오.
㉯ 다져서 양념한 소고기는 크게 반대기를 지어 석쇠에 구우시오.
㉰ 완성된 섭산적은 0.7cm×2cm×2cm로 9개 이상 제출하시오.

 조리 Point

❶ 다진 소고기와 두부는 입자가 없이 곱게 다지고 충분히 끈기가 나도록 치대 주어야 표면이 울퉁불퉁 하지 않고 매끄러우며 부서지지 않는다.
❷ 석쇠를 미리 달군 후 식혀서 기름을 발라야 석쇠에 코팅막이 입혀져서 섭산적이 달라붙지 않는다.
❸ 석쇠에 구울 때 고기에도 기름을 바르면 달라붙지 않아서 좋다.
❹ 잔 칼집을 넣은 부분을 먼저 익혀서 표면에 기름이 배어 나오면 반대 으로 뒤집어서 익힌다. 섭산적은 부서질 수 있으므로 한 번만 뒤집는다.
❺ 석쇠에 구운 다음 붙지 않게 하기 위해서는 석쇠 위에서 식히지 말고 접시로 옮겨서 식혀야 한다.

 **만드는 법**

1. 소고기는 곱게 다진다.
2. 두부는 면 보에 싸서 물기를 제거한 후 칼등으로 곱게 으깬다.
3. 고기와 두부의 비율이 3:1 되게 고루 섞어서 양념을 넣고 끈기가 나도록 충분히 치대준다.
4. 접시에 기름을 바르거나 랩을 깔고 양념한 고기를 두께가 0.7cm, 가로 8cm, 세로 8cm 정도가 되도록 네모지게 반대기를 지어 가로·세로로 잔칼질을 곱게 넣는다.
5. 잣은 고깔을 떼고 접은 종이 사이에 두고 밀대로 밀어서 칼등으로 곱게 다진다.
6. 석쇠를 달군 후 기름을 바르고 고기가 타지 않게 굽는다.
7. 구운 섭산적이 식으면 2cm×2cm 크기로 썰어 그릇에 담고 잣가루를 뿌려 낸다.

지급재료

- 소고기(살코기) 80g
- 두부 30g
- 대파(흰부분 4㎝ 정도) 1토막
- 마늘(중, 깐 것) 1쪽
- 소금(정제염) 5g
- 백설탕 10g
- 깨소금 5g
- 참기름 5mL
- 검은후춧가루 2g
- 잣(깐 것) 10개
- A4 용지 1장
- 식용유 30mL

♣ **소고기 두부소 양념**

- 소금 ⅓작은술
- 백설탕 ½작은술
- 다진 파 1작은술
- 다진 마늘 ½작은술
- 깨소금 조금
- 참기름 조금
- 후춧가루 조금

29 화양적

화양적은 소고기, 도라지, 표고버섯, 당근, 오이 등을 각각 익혀서 색을 맞추어 꼬치에 꿰어 만든 적이다. 꽃처럼 아름다운 적이라는 뜻이다.

시험시간 **35분**

 요구사항 주어진 재료를 사용하여 다음과 같이 화양적을 만드시오.

㉮ 화양적은 0.6cm×6cm×6cm로 만드시오.
㉯ 달걀노른자로 지단을 만들어 사용하시오.
(단, 달걀흰자 지단을 사용하는 경우 오작 처리)
㉰ 화양적은 2꼬치를 만들고 잣가루를 고명으로 얹으시오.

 조리 Point

❶ 소고기는 익으면서 길이는 줄고 두께는 두꺼워지므로 여유분을 두어 자르고, 수축방지 및 양념이 잘 배도록 자근자근 잔 칼집을 해 준다.
❷ 소고기는 약불에서 익혀야 줄어드는 것을 방지할 수 있다.
❸ 표고버섯은 길이가 6cm보다 작으면 폭을 2cm로 잘라서 폭의 가운데를 갈라서 길게 펼쳐 길이에 맞게 자른다.

 **만드는 법**

 **지급재료**

❶ 오이는 6cm 길이로 반을 잘라 씨 부분을 제거하고, 1cm×0.6cm로 썰어 소금에 절였다가 물기를 제거한다.

❷ 당근은 6cm×1cm×0.6cm로 썰어 끓는 소금물에 데쳐서 물기를 제거한다.

❸ 통도라지는 껍질을 벗기고 소금으로 주물러 씻어서 쓴맛을 우려내고, 6cm×1cm×0.6cm로 썰어 끓는 물에 데쳐서 물기를 제거한다.

❹ 표고버섯은 기둥을 떼고 물기를 제거한 후, 6cm×1cm×0.6cm로 썰어 양념한다.

❺ 소고기는 7cm×1cm×0.4cm로 썰어 자근자근 두드린 후 양념한다.

❻ 달걀 노른자는 풀어서 달군 팬에 기름을 두르고 두께 0.6cm가 되도록 황지단을 부친다.

❼ 잣은 고깔을 떼고 종이 위에서 칼로 곱게 다진다.

❽ 팬에 기름을 두르고 달군 다음 오이 → 도라지 → 당근 → 표고버섯 → 소고기 순으로 볶는다.

❾ 산적꼬치에 준비된 재료를 색을 맞추어 끼워, 꼬챙이의 양쪽이 1cm 정도 남도록 정리한다. 재료의 순서를 똑같이 하여 2개를 만든다.

❿ 그릇에 화양적을 담고 위에 잣가루를 뿌린다.

- 소고기(살코기 길이 7cm) 50g
- 건표고버섯(지름 5cm 정도, 물에 불린 것) 1개
- 당근(길이 7cm 정도, 곧은것) 50g
- 오이(가늘고 곧은 것 20cm 정도) 1/2개
- 통도라지(껍질 있는 것 길이 20cm 정도) 1개
- 산적꼬치(길이 8~9cm 정도) 2개
- 진간장 5mL
- 대파(흰부분 4cm 정도) 1토막
- 마늘(중, 깐 것) 1쪽
- 소금(정제염) 5g
- 백설탕 5g
- 깨소금 5g
- 참기름 5mL
- 검은후춧가루 2g
- 잣(깐 것) 10개
- A4 용지 1장
- 달걀 2개
- 식용유 30mL

♣ **소고기 · 표고 양념장**

- 간장 1작은술
- 설탕 ½작은술
- 다진 파 ½작은술
- 다진 마늘 ¼작은술
- 깨소금 조금
- 참기름 조금
- 후춧가루 조금

지짐누름적

지짐누름적은 소고기, 도라지, 표고버섯, 당근 등을 각각 익혀서 실파와 함께 색을 맞추어 꼬치에 꿰어 밀가루와 달걀물을 입혀서 지져내는 적이다. 눌러가며 지져내는 적이라는 뜻이다.

시험시간 **35분**

 요구사항 주어진 재료를 사용하여 다음과 같이 지짐누름적을 만드시오.

㉮ 각 재료는 0.6cm×1cm×6cm로 하시오.
㉯ 누름적의 수량은 2개를 제출하고, 꼬치는 빼서 제출하시오.

 조리 Point

❶ 소고기는 익으면서 길이는 줄고 두께는 두꺼워지므로 여유분을 두어 자르고, 수축방지 및 양념이 잘 배도록 자근자근 잔 칼집을 해 준다.
❷ 지짐누름적에 밀가루를 묻힐 때는 앞면은 적게 묻혀야 색이 선명하고 예쁘다. 뒷면은 밀가루를 조금 더 묻혀서 지져야 사이가 떨어지지 않고 모양이 잘 잡힌다.
❸ 팬에 지질 때는 뒷면을 먼저 사이가 떨어지지 않도록 모양을 잡아가며 눌러서 지진 다음 뒤집어서 앞면은 살짝 지진다.
❹ 완전히 식은 후에 돌려가며 꼬치를 빼내야 모양이 흐트러지지 않는다.

 만드는 법

① 당근은 0.6cm×1cm×6cm로 썰어 끓는 물에 데쳐서 물기를 제거한다.

② 통도라지는 껍질을 벗기고 소금으로 주물러 씻어서 쓴맛을 우려내고, 0.6cm×1cm×6cm로 썰어 끓는 물에 데쳐서 물기를 제거한 다음 소금으로 밑간을 한다.

③ 표고버섯은 기둥을 떼고 물기를 제거한 후, 0.6cm×1cm×6cm로 썰어 양념한다.

④ 소고기는 0.7cm×1.5cm×7cm로 썰어 앞뒤로 자근자근 두드린 후 양념한다.

⑤ 실파는 6cm 길이로 잘라 소금, 참기름에 무쳐 놓는다.

⑥ 팬에 기름을 두르고 달군 다음 도라지, 당근, 표고버섯, 소고기 순으로 각각 볶는다.

⑦ 산적꼬치에 준비된 재료를 색을 맞추어 끼워준 다음 길이를 정리한다.(위, 아래를 다듬어준다.)

⑧ ⑦에 밀가루를 묻히고 달걀물을 입혀서 팬에 기름을 두르고 지져낸다.

⑨ 식으면 산적꼬치를 돌려가며 조심히 빼낸 후 그릇에 담아낸다.

지급재료

- 소고기(살코기 길이 7cm) 50g
- 건표고버섯(지름 5cm 정도, 물에 불린 것) 1개
- 당근(길이 7cm 정도 곧은 것) 50g
- 쪽파(중) 1뿌리
- 통도라지(껍질 있는 것 길이 20cm 정도) 1개
- 밀가루(중력분) 20g
- 달걀 1개
- 참기름 5mL
- 산적꼬치(길이 8~9cm 정도) 2개
- 식용유 30mL
- 소금(정제염) 5g
- 진간장 10mL
- 백설탕 5g
- 대파(흰부분 4cm 정도) 1토막
- 마늘(중, 깐 것) 1쪽
- 검은후춧가루 2g
- 깨소금 5g

♣ 소고기 · 표고 양념장
- 간장 2작은술
- 설탕 ½작은술
- 다진 파 ½작은술
- 다진 마늘 ¼작은술
- 깨소금 조금
- 참기름 조금
- 후춧가루 조금

31. 너비아니구이

너비아니는 소고기를 얇고 너붓너붓하게 썰었다고 붙여진 이름으로, 얇게 저며서 간장양념을 하여 석쇠에 구운 음식이다. 불고기의 궁중용어이다.

시험시간 **25분**

 요구사항 주어진 재료를 사용하여 다음과 같이 너비아니구이를 만드시오.

㉮ 완성된 너비아니는 0.5cm×4cm×5cm로 하시오.
㉯ 석쇠를 사용하여 굽고, 6쪽 제출하시오.
㉰ 잣가루를 고명으로 얹으시오.

 조리 Point

❶ 소고기를 썰 때는 결의 반대 방향으로 잘라야 고기가 연하며, 앞뒤로 자근자근 두드려 주어야 고기가 오그라드는 것을 방지할 수 있다.
❷ 소고기를 구울 때는 처음에는 센 불에서 구워서 표면을 응고시키고, 불을 낮추어 중불에서 양념장을 조금씩 발라가며 구워야 타지 않고 윤기 나며 색이 곱다.
❸ 양념장에 들어가는 파와 마늘은 곱게 다져야 구울 때 타지 않는다.

 만드는 법

❶ 소고기는 5cm×6cm, 두께 0.4cm로 썰어서 앞뒤로 자근자근 두들긴다.
❷ 배는 껍질을 벗기고 강판에 갈아서 배즙을 낸다.
❸ 파, 마늘을 곱게 다져서 양념장을 만든 후, 고기에 재워둔다.
❹ 잣은 고깔을 떼고 종이 위에서 칼로 곱게 다진다.
❺ 석쇠를 불에 달궈서 식용유를 바르고 양념장에 재워둔 고기를 가지런히 얹어서 중불에서 타지 게 양념장을 발라가며 윤기 나게 구워낸다.
❻ 그릇에 구운 고기를 살짝 겹치게 담고, 잣가루를 뿌린다.

 지급재료

- 소고기(안심 또는 등심) 100g
- 진간장 50mL
- 대파(흰부분 4cm) 1토막
- 마늘(중, 깐 것) 2쪽
- 검은후춧가루 2g
- 백설탕 10g
- 깨소금 5g
- 참기름 10mL
- 배(50g 정도 지급) 1/8개
- 식용유 10mL
- 잣(깐 것) 5개
- A4 용지 1장

♣ 소고기 양념

- 간장 2큰술
- 설탕 1큰술
- 배즙 1큰술
- 다진 파 1작은술
- 다진 마늘 ½큰술
- 깨소금 조금
- 참기름 조금
- 후춧가루 조금

제육구이

제육구이는 돼지고기를 도톰하게 저며 잔 칼집을 넣고 고추장양념에 재워 석쇠에 구운 음식이다. 지방이 많아 육질이 부드럽고 풍미가 좋다.

시험시간 **30분**

 요구사항 주어진 재료를 사용하여 다음과 같이 제육구이를 만드시오.

㉮ 완성된 제육은 0.4cm×4cm×5cm 정도로 하시오.
㉯ 고추장 양념하여 석쇠에 구우시오.
㉰ 제육구이는 전량 제출하시오.

 **조리 Point**

❶ 고추장 양념장에 간장이 많이 들어가면 색이 곱지 못하므로 소량만 넣어준다.
❷ 고추장 양념을 많이 바르면 고기는 익지 않고 양념만 탈 수 있으므로, 중불에서 양념장을 조금씩 덧발라 가며 구워야 표면이 촉촉하다.
❸ 고추장 양념장이 되직하면 술이나 물을 조금 넣어서 농도를 맞춰 주어야 바르기가 쉽다.

 **만드는 법**

❶ 돼지고기는 0.4cm×4cm×5cm로 썰어서 앞뒤로 자근자근 두들겨 준다.

❷ 고추장 양념장을 만든다.

❸ 돼지고기에 고추장 양념장을 골고루 발라서 간이 배도록 한다.

❹ 석쇠를 불에 달궈서 식용유를 바른 후 재워둔 고기를 가지런히 얹어서 중불에서 타지 않게 양념장을 발라가며 윤기 나게 충분히 구워낸다.

❺ 그릇에 구운 고기를 살짝 겹치게 담아낸다.

 **지급재료**

- 돼지고기(등심 또는 볼깃살) 150g
- 고추장 40g
- 진간장 10mL
- 대파(흰부분 4cm) 1토막
- 마늘(중, 깐 것) 2쪽
- 검은후춧가루 2g
- 백설탕 15g
- 깨소금 5g
- 참기름 5mL
- 생강 10g
- 식용유 10mL

♣ **돼지고기 양념**
- 고추장 2큰술
- 간장 조금
- 설탕 1큰술
- 생강즙 1작은술
- 다진 파 1작은술
- 다진 마늘 ½작은술
- 깨소금 조금
- 참기름 조금
- 후춧가루 조금

33 북어구이

북어구이는 마른 북어를 물에 부드럽게 불려서 유장에 재워 초벌구이 한 다음 고추장 양념장을 발라 석쇠에 구운 음식이다. 생것은 명태, 말린 것은 북어, 얼린 것은 동태, 명태새끼는 노가리, 추운 겨울에 얼리고 녹이고를 반복해서 건조시키는 것은 황태라고 한다.

시험시간 **30분**

요구사항 주어진 재료를 사용하여 다음과 같이 북어구이를 만드시오.

㉮ 구워진 북어의 길이는 5cm로 하시오.
㉯ 유장으로 초벌구이 하고, 고추장 양념으로 석쇠에 구우시오.
㉰ 완성품은 3개를 제출하시오.
　(단, 세로로 잘라 3/6토막 제출할 경우 수량부족으로 미완성 처리)

조리 Point

❶ 황태포를 너무 오래 물에 불리면 살이 부서지므로 유의한다.
❷ 북어는 물에 불려 부드럽게 한 후 뼈를 발라내고 손질하여 마른 행주로 꼭꼭 눌러 물기를 없앤다.
❸ 유장 처리 후 초벌구이에서 거의 익힌 다음 고추장 양념장을 발라 윤기가 날 정도로만 살짝 구워준다.
❹ 유장은 너무 많이 바르면 질척해져서 굽기가 힘들므로 유의한다.

 **만드는 법**

① 북어포를 물에 불려 부드러워지면 물기를 눌러 짜고, 지느러미, 머리, 꼬리를 제거하고 뼈를 발라낸 후 길이 5cm 정도 3토막으로 자른다.

② 북어포의 등 쪽 껍질에는 가로·세로, 가장자리에는 잔칼집을 골고루 넣어 오그라들지 않게 한 다음 유장을 만들어 재운다.

③ 파, 마늘을 다져서 고추장 양념장을 만든다.

④ 석쇠를 불에 달궈서 기름을 바른 후 유장한 북어를 초벌구이한다.

⑤ 초벌구이한 북어에 고추장 양념장을 앞, 뒤로 골고루 발라가며 윤기 나게 타지 않도록 구워낸다.

⑥ 그릇에 겹쳐서 담아낸다.

 **지급재료**

- 북어포(반을 갈라 말린 껍질이 있는 것 40g) 1마리
- 진간장 20mL
- 대파(흰부분 4cm) 1토막
- 마늘(중, 간 것) 2쪽
- 백설탕 10g
- 고추장 40g
- 깨소금 5g
- 참기름 15mL
- 검은후춧가루 2g
- 식용유 10mL

♣ **고추장 양념장**

- 고추장 2큰술
- 간장 ½작은술
- 설탕 1작은술
- 다진 파 1작은술
- 다진 마늘 ½작은술
- 깨소금 조금
- 참기름 조금
- 후춧가루 조금

♣ **유장**

- 참기름 1작은술
- 간장 1작은술

생선양념구이

생선양념구이는 조기·병어·청어·전어 등의 생선을 통째로 손질하여 초벌구이한 다음 양념장을 발라 석쇠에 구운 음식이다.

시험시간 **30분**

 **요구사항** 주어진 재료를 사용하여 다음과 같이 생선양념구이를 만드시오.

㉮ 생선은 머리와 꼬리를 포함하여 통째로 사용하고 내장은 아가미쪽으로 제거하시오.
㉯ 유장으로 초벌구이 하고, 고추장 양념으로 석쇠에 구우시오.
㉰ 생선구이는 머리 왼쪽, 배 앞쪽 방향으로 담아내시오.

 조리 Point

❶ 조기를 손질할 때는 배가 터지지 않도록 아가미를 제거하고, 아가미 구멍으로 꼬챙이를 넣어서 돌려가며 내장을 제거한다.
❷ 생선을 구울 때는 중불에서 서서히 구워야 타지 않는다.
❸ 생선의 물기를 제거하지 않고 고추장 양념장을 바르면 구울 때 물기가 생기므로 주의한다.
❹ 생선은 초벌구이에서 완전히 익힌 다음 고추장 양념장을 발라야 타지 않고 속까지 익는다.

 **만드는 법**

 **지급재료**

1. 조기는 비늘을 긁고 지느러미를 손질하고 아가미에 꼬챙이를 넣어 내장을 꺼낸 다음 깨끗이 씻어서 등 쪽에 2cm 간격으로 비스듬히 칼집을 넣어서 소금을 뿌려 둔다.(앞 뒤로 똑같이 칼집을 넣고 소금을 뿌려둔다.)
2. 파, 마늘을 곱게 다져서 고추장 양념장을 만든다.
3. 조기에 간이 배었으면 물기를 닦은 후 유장을 골고루 발라둔다.(90% 익힌다)
4. 석쇠를 불에 달궈서 식용유를 바른 후 유장 처리한 조기를 초벌구이한다.
5. 조기가 거의 익었으면 고추장 양념장을 발라가며 윤기 나게 타지 않도록 구워낸다.
6. 완성된 조기는 머리가 왼쪽, 꼬리가 오른쪽, 배가 앞쪽으로 오도록 담아낸다.

- 조기(100g~120g 정도) 1마리
- 진간장 20mL
- 대파(흰부분 4cm 정도) 1토막
- 마늘(중, 깐 것) 1쪽
- 고추장 40g
- 백설탕 5g
- 깨소금 5g
- 참기름 5mL
- 소금 (정제염) 20g
- 검은후춧가루 2g
- 식용유 10mL

♣ **고추장 양념장**
- 고추장 2큰술
- 간장 조금
- 설탕 1큰술
- 다진 파 1작은술
- 다진 마늘 ½작은술
- 깨소금 조금
- 참기름 조금
- 후춧가루 조금

♣ **유장**
- 참기름 1작은술
- 간장 1작은술

35 더덕구이

더덕구이는 더덕을 반으로 갈라 얇게 두드려 초벌구이 한 다음 고추장 양념장을 발라 석쇠에 구운 음식으로, 더덕 특유의 향기와 질감이 좋은 음식이다.

시험시간 **30분**

 **요구사항** 주어진 재료를 사용하여 다음과 같이 더덕구이를 만드시오.

㉮ 더덕은 껍질을 벗겨 사용하시오.
㉯ 유장으로 초벌구이 하고, 고추장 양념으로 석쇠에 구우시오.
㉰ 완성품은 전량 제출하시오.

 조리 Point

❶ 더덕은 방망이로 자근자근 두드려서 부서지지 않게 유의한다.
❷ 유장은 조금만 발라 주어야 더덕구이의 색이 보기 좋다.
❸ 구울 때 가장자리가 잘 타므로 불 조절에 유의한다.

 **만드는 법**

❶ 더덕은 깨끗이 씻어 껍질을 벗겨서 반으로 가른 후 소금물에 담가 쓴맛을 우려낸다.

❷ 더덕은 물에 씻어서 물기를 제거하고 방망이로 자근자근 두들긴 후 5cm 길이로 자른다.

❸ 유장을 만든 후 손질한 더덕을 재운다.

❹ 파, 마늘을 곱게 다져서 고추장 양념장을 만든다.

❺ 석쇠를 달궈서 식용유를 바른 후 더덕을 초벌 구이한다.

❻ 초벌구이한 더덕에 고추장 양념장을 앞, 뒤로 골고루 발라가며 윤기 나게 타지 않도록 구워낸다.

❼ 그릇에 가지런히 담아낸다.

 **지급재료**

- 통더덕(껍질 있는 것, 길이 10~15cm 정도) 3개
- 진간장 10mL
- 대파(흰부분 4cm) 1토막
- 마늘(중, 깐 것) 1쪽
- 고추장 30g
- 백설탕 5g
- 깨소금 5g
- 참기름 10mL
- 소금(정제염) 10g
- 식용유 10mL

♣ **고추장 양념장**
- 고추장 2큰술
- 간장 조금
- 설탕 1큰술
- 다진 파 1작은술
- 다진 마늘 ½작은술
- 깨소금 조금
- 참기름 조금

♣ **유장**
- 참기름 1작은술
- 간장 ½작은술

무생채

무생채는 무를 채 썰어 고춧가루와 식초 설탕으로 양념하여 새콤달콤하게 무친 요리이다.

시험시간 **15**분

 요구사항   주어진 재료를 사용하여 다음과 같이 무생채를 만드시오.

㉮ 무는 0.2cm×0.2cm×6cm 정도 크기로 썰어 사용하시오.
㉯ 생채는 고춧가루를 사용하시오.
㉰ 무생채는 70g 이상 제출하시오.

 조리 Point

❶ 무의 길이와 두께를 일정하게 채 썬다.
❷ 고운 고춧가루를 만들기 위해서는 고춧가루를 다져서 체에 내리는 것이 좋다.
❸ 무생채는 고춧가루 물을 들인 다음, 제출 직전에 양념을 무쳐야 물이 생기지 않는다.

 **만드는 법**

 **지급재료**

❶ 무는 껍질을 벗기고 0.2cm×0.2cm×6cm 길이로 채 썬다.
❷ 무에 고운 고춧가루를 넣고 색을 들인다.
❸ 파, 마늘, 생강은 곱게 다지고 나머지 재료를 넣어 양념을 만든다.
❹ 물을 들인 무에 양념을 넣어 버무린다.
❺ 내기 직전에 그릇에 담는다.

- 무(길이 7cm 정도) 100g
- 소금(정제염) 5g
- 고춧가루 10g
- 백설탕 10g
- 식초 5mL
- 대파(흰부분 4cm) 1토막
- 마늘(중, 깐 것) 1쪽
- 깨소금 5g
- 생강 5g

♧ **양념**

- 소금 ½작은술
- 식 1큰술
- 설탕 ½큰술
- 다진 파 1작은술
- 다진 마늘 ½작은술
- 다진 생강 조금
- 깨소금 조금

37 도라지생채

도라지생채는 도라지를 적당한 크기로 찢어 소금으로 주물러 씻어서 쓴맛을 우려내고 새콤달콤하게 무친 요리이다. 도라지는 길경(桔梗)이라 하며, 거담효과가 있어서 호흡기 계통 질환에 좋다.

시험시간
15분

 요구사항 주어진 재료를 사용하여 다음과 같이 도라지생채를 만드시오.

㉮ 도라지는 0.3cm×0.3cm×6cm로 써시오.
㉯ 생채는 고추장과 고춧가루 양념으로 무쳐 제출하시오.

 조리 Point

❶ 도라지는 껍질을 벗기고, 편으로 썬 후 칼로 찢거나 곱게 채 썬다.
❷ 소금으로 바락바락 주물러야 쓴맛을 우려 낼 수 있다.
❸ 물기를 충분히 제거해야 양념장을 무칠 때 색도 잘 배이고 물이 덜 생긴다.
❹ 반드시 내기 직전에 무쳐서 제출한다.

 **만드는 법**

❶ 도라지는 껍질을 벗기고 0.3cm×0.3cm×6cm길이로 채 썰어 소금물로 주물러 쓴맛을 우려내고 물에 씻어서 면보에 싸서 물기를 제거한다.

❷ 파, 마늘은 곱게 다져서 나머지 재료를 넣고 양념을 만든다.

❸ 내기 직전에 양념장을 조금씩 넣으며 색이 배도록 무쳐서 그릇에 담는다.

 **지급재료**

- 통도라지(껍질 있는 것) 3개
- 소금(정제염) 5g
- 고추장 20g
- 백설탕 10g
- 식초 15mL
- 대파(흰부분 4cm) 1토막
- 마늘(중, 깐 것) 1쪽
- 깨소금 5g
- 고춧가루 10g

♧ **양념**

- 고추장 1큰술
- 고춧가루 1작은술
- 소금 조금
- 식초 1큰술
- 설탕 ½큰술
- 다진 파 1작은술
- 다진 마늘 ½작은술
- 깨소금 조금

38 더덕생채

더덕생채는 더덕을 소금에 주물러 씻어서 쓴맛을 우려낸 다음 방망이로 두들겨 가늘게 찢어서 매콤새콤하게 무친 요리이다.

시험시간 **20분**

 **요구사항**   주어진 재료를 사용하여 다음과 같이 더덕생채를 만드시오.

㉮ 더덕은 5cm로 썰어 두들겨 편 후 찢어서 쓴맛을 제거하여 사용하시오.
㉯ 고춧가루로 양념하고, 전량 제출하시오.

 조리 Point

❶ 더덕은 반으로 가르거나 굵은 것은 편으로 포를 떠서 소금물에 담구어 쓴맛을 우려낸 다음 물기를 없애고 자근자근 두드려야 더덕이 부서지지 않는다.
❷ 고춧가루가 뭉쳐지지 않게 고춧가루를 체에 내려서 고운 고춧가루로 양념장을 만들어서 무쳐야 생채의 색이 곱다.
❸ 더덕은 내기 직전에 꼭꼭 주물러서 양념이 잘 배이도록 무치고, 담을 때는 부풀려서 담아낸다.

 **만드는 법**

❶ 더덕은 물에 깨끗이 씻어서 껍질을 벗겨서 5cm 길이로 자른 다음 소금물에 담가 쓴맛을 우려낸다.

❷ 더덕은 물에 씻어서 물기를 제거하고 방망이나 칼등으로 자근자근 두들겨 편 후 찢는다.

❸ 파, 마늘은 곱게 다져서 나머지 재료를 넣어 양념을 만든다.

❹ 내기 직전에 양념장을 조금씩 넣으며 색이 배도록 무쳐서 그릇에 담는다.

지급재료

- 통더덕(껍질 있는 것, 길이 10~15cm 정도) 2개
- 마늘(중, 깐 것) 1쪽
- 백설탕 5g
- 식초 5mL
- 대파(흰부분 4cm) 1토막
- 소금(정제염) 5g
- 깨소금 5g
- 고춧가루 20g

♣ **양념**

- 고춧가루 1큰술
- 소금 조금
- 식초 1작은술
- 설탕 ½큰술
- 다진 파 2작은술
- 다진 마늘 ½작은술
- 깨소금 조금

겨자채

겨자채는 채소류와 편육, 배, 밤 등을 매콤한 겨자즙으로 버무린 음식으로, 겨자의 톡 쏘는 맛이 육류와 잘 어울린다. 여름철 입맛을 북돋우어 준다.

시험시간 **35분**

 **요구사항** 주어진 재료를 사용하여 다음과 같이 겨자채를 만드시오.

가 채소, 편육, 황·백 지단, 배는 0.3cm×1cm×4cm로 써시오.
나 밤은 모양대로 납작하게 써시오.
다 겨자는 발효시켜 매운맛이 나도록 하여 간을 맞춘 후 재료를 무쳐서 담고, 잣은 고명으로 올리시오

 **조리 Point**

❶ 양배추는 두꺼우면 줄기를 포를 떠서 저며 내고, 오이는 껍질 쪽 위주로 사용한다.
❷ 편육은 삶은 다음 식은 후에 썰어야 부스러지지 않고 반듯하게 썰 수 있다.
❸ 재료에 물기가 있으면 겨자즙이 묻지 않으므로 물기를 제거한 후 소스에 버무려야 한다.

 **만드는 법**

❶ 소고기는 덩어리째 찬물에 담가 핏물을 제거하고 끓는 물에 삶아서 폭 1cm, 두께 0.3cm, 길이 4cm로 썬다.

❷ 겨자는 따뜻한 물로 되직하게 개어서 편육 냄비 뚜껑 위에 엎어서 10분 정도 발효시킨 다음 재료를 넣어 겨자즙을 만든다.

❸ 양배추, 오이, 당근은 폭 1cm, 두께 0.3cm, 길이 4cm로 썰어 찬물에 담가 싱싱하게 한 다음 물기를 제거한다.

❹ 밤은 0.3cm 두께로 모양대로 납작납작하게 썬다.

❺ 배는 껍질을 벗기고 씨를 제거한 후 0.3cm×1cm ×4cm로 썰어서 변색방지를 위해 설탕물에 담근다.

❻ 달걀은 황·백으로 나누어 0.3cm 두께로 부쳐서 1cm×4cm 크기로 썬다.

❼ 잣은 고깔을 떼고 반으로 쪼개서 비늘잣을 만든다.

❽ 준비된 재료들의 물기를 닦고 내기 직전에 겨자즙을 두 번에 나누어 넣어가며 고루 무쳐서 그릇에 담고 비늘잣을 올린다.

지급재료

- 양배추(길이 5cm) 50g
- 오이(가늘고 곧은 것 20cm 정도) 1/3개
- 당근(길이 7cm 정도, 곧은 것) 50g
- 소고기(살코기, 길이 5cm) 50g
- 밤(중, 생 것, 껍질 깐 것) 2개
- 달걀 1개
- 배(중, 길이로 등분, 50g 정도 지급) 1/8개
- 백설탕 20g
- 잣(깐 것) 5개
- 소금(정제염) 5g
- 식초 10mL
- 진간장 5mL
- 겨자가루 6g
- 식용유 10mL

♣ **겨자즙**
- 겨자(발효한 것) 1큰술
- 소금 ½작은술
- 식초 1큰술
- 설탕 1큰술
- 진간장 조금
- 물(육수) 적당

칠절판

40

칠절판은 여섯 가지의 재료를 곱게 채 썰어서 볶아낸 후 밀전병과 함께 싸먹는 음식이다. 색이 화려하며 맛이 담백하여 교자상이나 주안상에 어울린다.

시험시간 40분

요구사항
주어진 재료를 사용하여 다음과 같이 칠절판을 만드시오.

㉮ 밀전병은 직경 8cm 되도록 6개를 만드시오.
㉯ 채소와 황·백 지단, 소고기는 0.2cm×0.2cm×5cm 정도로 써시오.
㉰ 석이버섯은 곱게 채를 써시오.

조리 Point
① 밀전병 반죽은 먼저 만들어 두었다가 부치는 것이 좋다.
② 칠절판에 쓰이는 모든 재료는 길이와 두께가 일정한 것이 보기가 좋다.
③ 석이버섯은 오래 볶지 않는다.

만드는 법

1. 밀가루와 물을 동량으로 넣고 소금으로 간하여 풀어서 체에 걸러둔다.
2. 오이는 돌려 깎기 한 다음 0.2cm×0.2cm×5cm 길이로 채 썰어 소금에 절였다가 물기를 꼭 짠다.
3. 당근도 0.2cm×0.2cm×5cm로 채 썰어 소금을 살짝 뿌린다.
4. 소고기도 0.2cm×0.2cm×5cm로 채 썰어 양념에 버무린다.
5. 석이버섯은 뜨거운 물에 불려 손질한 다음 돌돌 말아 채썬 후 참기름, 소금으로 밑간하여 살짝 볶는다.
6. 팬에 기름을 조금 두르고 불을 약하게 하여 직경 8cm로 얇게 밀전병을 부쳐서 서로 붙지 않도록 펼쳐서 식힌다.
7. 달걀은 황·백으로 나눠서 소금을 넣고 풀어서 지단을 부친 다음 0.2cm×0.2cm×5cm 길이로 채 썬다.
8. 달군 팬에 기름을 두르고 오이 → 당근 → 소고기 순으로 볶아낸다.
9. 접시에 밀전병을 가운데에 담고 재료들을 보기 좋게 색 맞춰 담는다.

지급재료

- 소고기(살코기, 길이 6cm) 50g
- 오이(가늘고 곧은 것, 20cm 정도) 1/2개
- 당근(길이 7cm 정도, 곧은 것) 50g
- 달걀 1개
- 석이버섯(부서지지 않은 것, 마른 것) 5g
- 밀가루(중력분) 50g
- 진간장 20mL
- 마늘(중, 깐 것) 2쪽
- 대파(흰부분 4cm 정도) 1토막
- 검은후춧가루 1g
- 참기름 10mL
- 백설탕 10g
- 깨소금 5g
- 식용유 30mL
- 소금(정제염) 10g

♣ 밀전병
- 밀가루 6큰술
- 물 6큰술
- 소금 조금

♣ 소고기 양념
- 진간장 1/2큰술
- 설탕 1작은술
- 다진 파 1작은술
- 다진 마늘 1/2작은술
- 깨소금 조금
- 참기름 조금
- 검은후춧가루 조금

41 잡채

잡채는 여러 채소와 소고기, 당면을 양념하여 볶아서 한데 섞어 버무려 만드는 음식이다. 다양한 재료를 사용하기 때문에 맛과 영양이 풍부하여 잔치에 빠지지 않는 음식이다.

시험시간 **35분**

 요구사항 주어진 재료를 사용하여 다음과 같이 잡채를 만드시오.

㉮ 소고기, 양파, 오이, 당근, 도라지, 표고버섯은 0.3cm×0.3cm×6cm 정도로 썰어 사용하시오.
㉯ 숙주는 데치고 목이버섯은 찢어서 사용하시오.
㉰ 당면은 삶아서 유장처리하여 볶으시오.
㉱ 황·백 지단은 0.2cm×0.2cm×4cm로 썰어 고명으로 얹으시오.

 조리 Point

❶ 당면은 물에 담가서 미리 불렸다가 삶으면 시간이 단축된다.
❷ 당면은 삶은 후 찬물에 헹궈서 전분기를 없애주고 간장, 설탕, 참기름으로 밑간을 해야 퍼지지 않는다.

 ## 만드는 법

① 오이는 돌려 깎아 0.3cm×0.3cm×0.6cm로 채 썰어 소금에 절였다가 물기를 꼭 짠다.

② 도라지는 0.3cm×0.3cm×6cm로 채 썰어 소금에 주물러 쓴맛을 우려내고 물에 씻어서 물기를 꼭 짠다.

③ 당근 양파는 0.3cm×0.3cm×6cm로 채 썰어 소금을 살짝 뿌려둔다.

④ 숙주는 머리와 꼬리를 떼어 내고 끓는 물에 데쳐낸 후 물기를 짜고 소금과 참기름으로 양념한다.

⑤ 소고기도 0.2cm×0.2cm×6cm로 채 썰고, 표고버섯은 기둥을 떼고 물기를 제거한 후, 0.3cm×0.3cm×6cm로 채 썰어 양념에 버무린다.

⑥ 목이버섯은 따뜻한 물에 불려서 손질하여 한 입 크기로 찢고 양념에 버무린다.

⑦ 달걀은 황·백으로 나눠서 소금을 넣고 풀어서 지단을 얇게 부쳐 0.3cm×0.3cm×6cm 길이로 채 썬다.

⑧ 당면은 끓는 물에 삶아서 찬물에 헹구고 적당한 길이로 잘라 양념한다.

⑨ 달군 팬에 기름을 두르고 오이 → 도라지 → 양파 → 당근 → 목이버섯 → 표고버섯 → 소고기 → 당면 순으로 볶아낸다.

⑩ 볶은 재료들을 넣고 버무려 그릇에 담고 황·백 지단을 고명으로 얹는다.

지급재료

- 당면 20g
- 소고기(살코기, 길이 7cm) 30g
- 건목이버섯(지름 5cm 정도, 물에 불린 것) 2개
- 건표고버섯(지름 5cm 정도, 물에 불린 것) 1개
- 양파(중, 150g 정도) 1/3개
- 오이(가늘고 곧은 것, 20cm 정도) 1/3개
- 당근(길이 7cm 정도 곧은 것) 50g
- 달걀 1개
- 통도라지(껍질 있는 것, 길이 20cm 정도) 1개
- 숙주(생 것) 20g
- 백설탕 10g
- 대파(흰부분 4cm) 1토막
- 마늘(중, 깐 것) 2쪽
- 진간장 20mL
- 식용유 50mL
- 깨소금 5g
- 검은후춧가루 1g
- 참기름 5mL
- 소금(정제염) 15g

♣ 소고기·버섯 양념

- 진간장 1큰술
- 설탕 ½큰술
- 다진 파 1작은술
- 다진 마늘 ½작은술
- 깨소금 조금
- 참기름 조금
- 후춧가루 조금

♣ 당면 양념

- 간장 ½큰술
- 설탕 1작은술
- 참기름 1작은술

42 탕평채

탕평채는 녹두녹말로 만든 청포묵에 소고기와 여러 채소를 버무려 만드는 묵무침이다. 조선 영조 때 당쟁을 폐지하고 탕평책을 실시하면서 만들어 먹던 것에서 유래되었다. 맛이 깔끔하고 입속에 감촉이 부드럽다.

시험시간 **35분**

요구사항

주어진 재료를 사용하여 다음과 같이 탕평채를 만드시오.

- **가** 청포묵은 0.4cm×0.4cm×6cm로 썰어 데쳐서 사용하시오.
- **나** 모든 부재료의 길이는 4~5cm로 써시오.
- **다** 소고기, 미나리, 거두절미한 숙주는 각각 조리하여 청포묵과 함께 초간장으로 무쳐 담아내시오.
- **라** 황·백 지단은 4cm 길이로 채썰고, 김은 구워 부셔서 고명으로 얹으시오.

조리 Point

1. 청포묵을 썰 때는 칼에 물을 묻혀서 썰면 붙지 않고 부드럽게 잘 썰린다.
2. 마지막에 초간장으로 버무릴 때 청포묵의 색에 주의하고(간장을 적게 사용하는 것이 좋다), 미나리도 색이 변하므로 내기 직전에 무쳐낸다.

 ## 만드는 법

❶ 청포묵은 0.4cm×0.4cm×6cm로 썰어서 끓는 물에 데쳐내어 찬물에 헹궈 물기를 제거하고 소금과 참기름으로 양념한다.

❷ 숙주는 머리와 꼬리를 떼어내고 끓는 소금물에 데쳐낸 후 물기를 짜고 소금, 참기름으로 밑간한다.

❸ 미나리는 줄기만 다듬어 끓는 소금물에 데쳐낸 후 찬물에 헹궈준 다음 물기를 살짝 짜주고 4~5cm 길이로 자른다.

❹ 소고기는 0.3cm×0.3cm×5cm로 채 썰어 양념에 버무린 후 달군 팬에 볶아낸다.

❺ 달걀은 황·백으로 나눠서 소금을 넣고 거품 없이 잘 풀어서 지단을 얇게 부쳐 4cm 길이로 곱게 채 썬다.

❻ 김은 살짝 구워서 부순다.

❼ 청포묵, 숙주, 미나리, 소고기를 섞고 초간장으로 무친다.

❽ 탕평채를 그릇에 담고 김과 황·백 지단을 고명으로 얹는다.

지급재료

- 청포묵(중, 길이 6cm) 150g
- 소고기(살코기, 길이 5cm) 20g
- 숙주(생 것) 20g
- 미나리(줄기 부분) 10g
- 달걀 1개
- 김 1/4장
- 진간장 20mL
- 마늘(중, 깐 것) 2쪽
- 대파(흰부분 4cm 정도) 1토막
- 검은후춧가루 1g
- 참기름 5mL
- 백설탕 5g
- 깨소금 5g
- 식초 5mL
- 소금(정제염) 5g
- 식용유 10mL

♣ 소고기 양념
- 간장 1작은술
- 설탕 ½작은술
- 다진 파 조금
- 다진 마늘 조금
- 깨소금 조금
- 참기름 조금
- 후춧가루 조금

♣ 초간장
- 간장 1작은술
- 설탕 ½작은술
- 식초 1작은술

무숙장아찌

43

무숙장아찌는 무를 일정하게 썰어서 간장에 절여 소고기, 미나리를 곁들여 즉석에서 만들어 먹는 장아찌이다. 불로 익혀서 만든 장아찌라 해서 숙장과, 갑자기 만들었다고 해서 갑장과라고도 한다.

시험시간 **25분**

요구사항 주어진 재료를 사용하여 다음과 같이 무숙장아찌를 만드시오.

㉮ 무는 0.6cm×0.6cm×5cm로 써시오.
㉯ 소고기는 0.3cm×0.3cm×4cm로 써시오.
㉰ 미나리는 4cm로 써시오.
㉱ 무숙장아찌는 무의 색이 지나치게 검어지지 않도록 하여 80g 이상 제출하시오.

조리 Point

❶ 무는 일정하고 고르게 썰어야 한다.
❷ 무의 물을 들일 때 간장물이 진하게 들지 않도록 주의한다.
❸ 미나리는 변색 방지와 숨이 죽는 것을 막기 위해 살짝 볶고 남아 있는 열로 익혀준다.
❹ 무를 볶을 때 실고추를 넣어서 같이 볶아 주면 실고추가 불어서 색이 번져 보기가 좋지 않으므로 내기 직전에 살짝 버무려 준다.

 **만드는 법**

1. 무는 0.6cm×0.6cm×5cm의 크기로 썰어서 간장 3큰술에 절였다가 절여진 간장을 살짝 졸여서 식으면 다시 무를 절였다 꼭 짠다.
2. 미나리는 뿌리와 잎은 따고 줄기만 4cm 길이로 썬다.
3. 소고기는 0.3cm×0.3cm×4cm의 길이로 썰어서 양념한다.
4. 실고추는 3cm 길이로 자른다.
5. 달군 팬에 기름을 두르고 양념한 소고기를 볶다가 절인 무를 넣고 볶으면서 조린 간장물로 간과 색을 맞추고 미나리를 넣고 살짝 볶는다.
6. 깨소금, 참기름을 넣고 무친 다음 실고추를 넣고 버무려 그릇에 담는다.

 **지급재료**

- 무(길이 6cm 정도) 120g
- 미나리(줄기 부분) 20g
- 대파(흰부분 4cm 정도) 1토막
- 마늘(중, 깐 것) 1쪽
- 소고기(살코기) 30g
- 식용유 30mL
- 진간장 50mL
- 깨소금 5g
- 참기름 5mL
- 백설탕 5g
- 검은후춧가루 1g
- 실고추(길이 10㎝ 1~2줄기) 1g

♣ **소고기 양념**
- 간장 1작은술
- 설탕 ½작은술
- 다진 파 조금
- 다진 마늘 조금
- 깨소금 조금
- 참기름 조금
- 후춧가루 조금

오이숙장아찌

오이숙장아찌는 오이의 씨를 빼고 일정하게 썰어서 소금물에 절여 소고기, 표고버섯을 곁들여 즉석에서 만들어 먹는 장아찌이다.

시험시간 **25분**

 요구사항 주어진 재료를 사용하여 다음과 같이 오이숙장아찌를 만드시오.

㉮ 오이는 0.5cm×0.5cm×5cm 정도, 소고기는 0.3cm×0.3cm×4cm 정도, 표고버섯은 0.3cm 정도 크기의 폭으로 써시오.
㉯ 오이, 소고기, 표고버섯은 각각 조리하여 함께 무쳐 50g 이상 제출하시오.

 **조리 Point**
❶ 오이는 절인 후에 면보에 세게 짤 경우 오이에 멍이 들므로 물기만 살짝 짠 후 볶아준다.
❷ 오이는 센 불에서 단시간에 볶아내야 색이 선명하고 아삭거림이 좋아진다.

만드는 법

❶ 오이는 5cm 길이로 통으로 썰어서 삼등분으로 자른 후 씨 부분을 제거하고 0.5cm×0.5cm로 썰어서 소금에 절였다가 면보에 싸서 물기를 제거한다.

❷ 소고기는 0.3cm×0.3cm×4cm로 채 썰어서 양념한다.

❸ 건표고버섯은 기둥을 떼어내고 포를 떠서 0.3cm×0.3cm×4cm로 채 썰어서 양념한다.

❹ 실고추는 3cm 길이로 잘라준다.

❺ 달군 팬에 기름을 두르고 오이를 볶아내고, 양념한 표고버섯과 소고기도 각각 볶아서 펼쳐 식힌다.

❻ 오이, 소고기, 표고버섯을 섞고 깨소금, 참기름을 적당히 넣고 무친 다음 실고추를 넣고 살살 버무려 그릇에 담는다.

지급재료

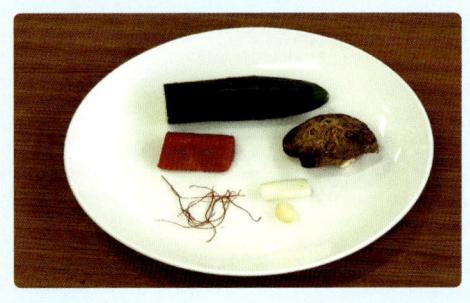

- 오이(가는 것, 20cm 정도) 1/2개
- 건표고버섯(지름 5cm 정도, 물에 불린 것) 1개
- 대파(흰부분 4cm) 1토막
- 마늘(중, 깐 것) 1쪽
- 소고기(살코기) 30g
- 식용유 30mL
- 소금(정제염) 5g
- 진간장 20mL
- 깨소금 5g
- 참기름 5mL
- 백설탕 5g
- 검은후춧가루 1mL
- 실고추(길이 10cm 1~2줄기) 1g

♣ 소고기 · 표고버섯 양념

- 간장 1큰술
- 설탕 1작은술
- 다진 파 조금
- 다진 마늘 조금
- 깨소금 조금
- 참기름 조금
- 후춧가루 조금

45 북어 보푸라기

북어 보푸라기는 북어를 강판에 갈아서 부드러운 보푸라기로 만들어 간장, 소금, 고춧가루로 각각 양념하여 무쳐주는 마른 반찬이다.

시험시간 **20분**

 요구사항 주어진 재료를 사용하여 다음과 같이 북어 보푸라기를 만드시오.

🅐 북어 보푸라기는 소금, 간장, 고춧가루로 양념하시오.
    (단, 고추기름은 사용하지 마시오.)
🅑 북어 보푸라기는 삼색의 구분이 뚜렷하게 하시오.

 조리 Point

❶ 보푸라기를 3등분으로 나눌 때 간장 양념이 들어가는 것은 좀 더 양을 많이 준다. (수분이 들어가면 보푸라기의 양이 준다.)
❷ 고춧가루는 고운 체에 내려서 고운 고춧가루를 사용해야 색이 곱다.
❸ 삼색이 뚜렷이 나게 해야 하며, 모양을 동그랗게 만들어 접시에 담아낸다.

 **만드는 법**

1. 북어포는 머리를 자르고 뼈와 가시를 발라낸 후 강판에 갈아서 보푸라기를 만든다.
2. 북어 보푸라기를 3등분으로 나눈다.
3. ❷에 소금, 간장, 고춧가루 양념을 각각 넣고 골고루 비벼준다.
4. 삼색의 북어 보푸라기를 접시에 보기 좋게 담아낸다.

 **지급재료**

- 북어포(반을 갈라 말린 껍질이 있는 것, 40g) 1마리
- 소금(정제염) 5g
- 진간장 5mL
- 백설탕 10g
- 참기름 15mL
- 깨소금 5g
- 고춧가루(고운 것) 10g

♣ 소금 양념
- 소금 ¼작은술
- 설탕 ½작은술
- 참기름 1작은술
- 깨소금 조금

♣ 간장 양념
- 간장 ⅓작은술
- 설탕 ½작은술
- 참기름 1작은술
- 깨소금 조금

♣ 고춧가루 양념
- 고춧가루 ½작은술
- 소금 ¼작은술
- 깨소금 조금
- 설탕 ½작은술
- 참기름 1작은술

육회

육회는 연하고 기름기가 없는 신선한 우둔살이나 홍두깨살을 얇게 저며서, 결 반대 방향으로 곱게 채 썰어서 가볍게 양념하여 배와 마늘을 곁들여 내는 음식이다.

시험시간 **20분**

요구사항   주어진 재료를 사용하여 다음과 같이 육회를 만드시오.

㉮ 소고기는 0.3cm×0.3cm×6cm로 썰어 소금 양념으로 하시오.
㉯ 마늘은 편으로 썰어 장식하고 잣가루를 고명으로 얹으시오.
㉰ 70g 이상의 완성된 육회를 제출하시오.

조리 Point

❶ 육회용 고기는 고기를 썬 후 설탕으로 먼저 재워두면 고기 표면에 막을 형성해 핏물이 빠지는 것을 막아주고 고기도 부드럽게 연육시킨다.
❷ 그릇에 담을 때는 육회와 배에서 여분의 양념이나 물이 빠지지 않게 준비과정에서 핏물이나 물기를 충분히 제거한다.
❸ 양념한 육회는 내기 직전에 담아낸다.

만드는 법

❶ 소고기는 0.3cm×0.3cm×6cm로 채 썰어서 핏물을 제거하고 설탕과 참기름을 버무려 둔다.

❷ 배는 (씨와 껍질을 제거해서) 설탕물에 담갔다가 물기를 제거하여 0.2cm×0.2cm×5cm로 채 썬다.

❸ 마늘 일부는 편으로 얇게 썰고, 나머지 마늘과 대파는 곱게 다진다.

❹ 잣은 고깔을 떼어낸 후 종이를 깔고 곱게 다진다.

❺ 소고기에 설탕과 참기름을 제외한 나머지 양념을 넣고 무쳐준다.

❻ 배를 접시에 돌려담고 그 위에 양념한 소고기를 소복하게 담고 편으로 썬 마늘을 고기에 기대어 돌려 담은 다음 소고기 위에 잣가루를 뿌린다.

지급재료

- 소고기(살코기) 90g
- 배(중, 100g 정도 지급) 1/4개
- 잣(깐 것) 5개
- 소금(정제염) 5g
- 마늘(중, 깐 것) 3쪽
- 대파(흰부분 4cm 정도) 2토막
- 검은후춧가루 2g
- 백설탕 30g
- 참기름 10mL
- 깨소금 5g
- A4 용지 1장

♣ 소고기 양념

- 소금 1/4작은술
- 설탕 1/2큰술
- 다진 파 1/2작은술
- 다진 마늘 1/4작은술
- 깨소금 조금
- 참기름 조금
- 후춧가루 조금

47

미나리강회

미나리강회는 연한 미나리를 데쳐서 편육, 붉은 고추, 황·백 지단을 묶어서 고추장을 곁들여 먹는 음식이다. 강회란 재료들을 어울려 말아 감는 것을 의미하고, 미나리 대신 실파를 데쳐서 사용하면 파강회를 만들 수 있다.

시험시간 35분

요구사항 주어진 재료를 사용하여 다음과 같이 미나리강회를 만드시오.

㉮ 강회의 폭은 1.5cm, 길이는 5cm 정도로 하시오.
㉯ 붉은 고추의 폭은 0.5cm, 길이는 4cm 정도로 하시오.
㉰ 강회는 8개 만들어 초고추장과 함께 제출하시오.

조리 Point
❶ 편육은 삶아서 식은 후에 썰어야 부서지지 않는다.
❷ 지단은 다른 고명 때보다 도톰하게 부쳐내야 모양이 좋다.
❸ 미나리로 재료들을 감아줄 때 처음과 끝 부분은 뒤쪽에서 하는 것이 모양이 깔끔하며 꼬치를 이용하면 편리하다.

 **만드는 법**

 **지급재료**

❶ 소고기는 찬물에 담가 핏물을 제거하고 덩어리째 끓는 물에 삶아서 0.3cm×1.5cm×5cm로 썬다.

❷ 미나리는 줄기만 다듬어 끓는 소금물에 넣고 살짝 데쳐 바로 찬물에 헹구어 물기를 꼭 짠다. 굵은 것은 2~4등분으로 갈라 놓는다.

❸ 홍고추는 반으로 갈라서 씨를 빼고 길이 4cm, 폭 0.5cm로 썬다.

❹ 달걀은 황·백으로 나눠서 소금을 넣고 거품 없이 잘 풀어서 0.3cm 두께로 지단을 부쳐 1.5cm×5cm 길이로 썬다.

❺ 초고추장을 만든다.

❻ 편육, 백 지단, 황지단, 붉은 고추를 순서대로 가지런히 얹고 한가운데를 미나리로 돌려 말아준다.(전체 길이의 1/3 정도 감는다.)

❼ 초고추장을 곁들여 낸다.

- 소고기(살코기 길이 7cm) 80g
- 미나리(줄기 부분) 30g
- 홍고추(생) 1개
- 달걀 2개
- 고추장 15g
- 식초 5mL
- 백설탕 5g
- 소금(정제염) 5g
- 식용유 10mL

♣ **초고추장**
- 고추장 1작은술
- 설탕 ½작은술
- 식초 1작은술

보쌈김치

보쌈김치는 무와 배추, 해산물(낙지, 굴 등), 밤, 배, 잣, 대추, 석이버섯 등을 섞어서 김치 양념에 버무려 절인 배춧잎으로 싸서 익힌 김치이다. 개성지방의 향토음식으로 보 김치라고도 한다.

시험시간 **35분**

요구사항
주어진 재료를 사용하여 다음과 같이 보쌈김치를 만드시오.

가 무·배추는 0.3cm×3cm×3cm 나박썰기, 배·밤은 편썰기, 미나리·갓·파·낙지는 3cm로 썰어 굴, 마늘채, 생강채와 함께 김치 속으로 사용하시오.

나 그릇 바닥을 배추로 덮은 후, 내용물을 담고 배춧잎의 끝을 바깥쪽으로 모양있게 접어 넣어 내용물이 보이도록 하여 제출하시오.

다 석이, 대추, 잣은 고명으로 얹으시오.

라 보쌈김치에 국물을 만들어 부으시오.

조리 Point
① 배춧잎은 충분히 절여져야 보로 싸기가 좋다.
② 고춧가루 양념은 미리 갠 후에 버무려야 김치의 색이 곱다.
③ 평소에는 보쌈김치를 배춧잎으로 꼭꼭 잘 싸서 항아리에 차곡차곡 담아 놓았다가 익은 후 상에 낼 때는 하나씩 꺼내 펼쳐 놓는다.

만드는 법

1. 무는 씻어 0.3cm×3cm×3cm 크기로 썰어 소금에 절인다.
2. 배추는 잎 부분은 그릇에 맞게 자르고, 줄기 부분은 0.3cm×3cm×3cm 크기로 썬다.
3. 미나리, 갓, 실파는 손질하여 씻은 후 3cm 길이로 썬다.
4. 배는 껍질을 벗기고 0.3cm×3cm 길이로 썰고, 밤은 동글납작하게 얇게 편으로 썬다.
5. 굴은 소금물에 씻어서 손질한 후 물기를 제거하고, 낙지다리는 소금으로 문질러 씻어서 3cm 길이로 자른다.
6. 석이버섯은 따뜻한 물에 불려서 손질한 다음 곱게 채 썬다.
7. 잣은 고깔을 떼고, 대추는 돌려 깎아서 곱게 채 썬다.
8. 마늘과 생강은 곱게 채 썰어 고춧가루 양념을 만든다.
9. 절여진 배추와 무에 양념을 넣고 버무린 후 미나리, 갓, 실파, 배, 굴, 낙지다리를 넣고 살짝 버무려서 간을 맞춘다.
10. 김치그릇에 절인 배춧잎이 그릇 밖으로 나오도록 깔고 양념한 ⑨의 속재료를 담고, 배춧잎의 끝을 바깥쪽으로 모양 있게 접어 준다.
11. 속을 버무린 그릇에 5큰술의 물을 붓고 소금으로 간하여 국물을 보쌈김치가 반 정도 잠기도록 조심히 붓고, 석이, 대추, 잣을 고명으로 얹어 낸다.

지급재료

- 절인 배추(500g 정도 지급) 1/6포기
- 무(길이 3cm 이상) 50g
- 밤(중, 생 것, 껍질 깐 것) 1개
- 배(중, 30g 정도 지급) 1/10개
- 실파(1뿌리) 20g
- 마늘(중, 깐 것) 2쪽
- 생강 5g
- 미나리(줄기 부분) 30g
- 갓(적겨자 대체가능) 20g
- 대추(중, 마른 것) 1개
- 석이버섯(부서지지 않고 마른 잎이 넓은 것 1장) 5g
- 잣(깐 것) 5개
- 생굴(껍질 벗긴 것) 20g
- 낙지다리(다리 1개 정도, 해동 지급) 50g
- 고춧가루 20g
- 소금(정제염) 5g
- 새우젓 20g

♣ 양념
- 고춧가루 2큰술
- 새우젓 1큰술
- 소금 조금
- 물 2큰술

♣ 김치국물
- 물 5큰술
- 소금 약간

오이소박이

오이소박이는 연한 오이에 칼집을 넣어 소금에 절여서 부추소를 채워서 익히는 여름철 별미 김치이다. 아삭아삭한 질감과 깔끔하고 시원한 맛이 일품이다.

시험시간 **20**분

 요구사항 주어진 재료를 사용하여 다음과 같이 오이소박이를 만드시오.

- 가 오이는 6cm길이로 3토막 내시오.
- 나 오이에 3~4갈래 칼집을 넣을 때 양쪽 끝이 1cm 정도 남도록 하시오.
- 다 소를 만들 때 부추의 길이는 0.5cm로 하시오.
- 라 그릇에 묻은 양념을 이용하여 김칫국을 만들어 소박이 위에 부으시오.

 **조리 Point**

1. 오이가 충분히 절여져야 소를 넣을 때 칼집을 넣은 끝 부분이 갈라지지 않는다.
2. 소를 넣은 후 오이 몸통 부분에는 부추를 뺀 고춧가루 양념을 골고루 묻힌다.
3. 김칫국을 만들 때는 남은 소에 소금과 물을 넣고 체에 내려서 부추가 들어가지 않게 국물을 만들어야 깔끔하고, 바닥에 깔릴 정도로만 붓는다.

 **만드는 법**

① 오이는 통째로 소금으로 문질러 씻은 후 6cm 길이로 토막 내고, 양끝을 1cm씩 남기고 십자(+)로 칼집을 넣어 소금물에 절여둔다.
② 부추는 다듬어서 씻은 후 0.5cm 길이로 송송 썬다.
③ 대파, 마늘, 생강을 곱게 다져서 나머지 양념재료를 넣고 송송 썰어 놓은 부추와 함께 소를 만든다.
④ 절인 오이의 물기를 짜고 칼집 사이에 소를 고루 채워 넣은 다음, 남은 소에 소금과 물을 섞어 체에 내려서 김칫국을 만든다.
⑤ 완성된 오이소박이를 그릇에 담고 김칫국을 조심스럽게 붓는다.

 **지급재료**

- 오이(가는것 20cm 정도) 1개
- 부추 20g
- 대파(흰부분 4cm) 1토막
- 마늘(중, 깐 것) 1쪽
- 생강 5g
- 소금(정제염) 15g
- 고춧가루 10g

♣ **소금물**
- 소금 2큰술
- 물 ½컵

♣ **양념장**
- 고춧가루 1큰술
- 물 1큰술
- 소금 조금

♣ **김칫국**
- 소금 조금
- 물 2큰술

50 화전

화전은 찹쌀가루를 익반죽하여 둥글게 모양을 빚어서 꽃잎을 붙여 기름에 지져낸 떡으로 봄에는 진달래꽃, 여름에는 황장미와 맨드라미꽃, 가을에는 국화꽃, 겨울에는 꽃대용으로 대추와 쑥갓이 이용되었다.

시험시간 20분

요구사항 주어진 재료를 사용하여 다음과 같이 화전을 만드시오.

㉮ 화전의 직경은 5cm, 두께는 0.4cm로 만드시오.
㉯ 시럽을 사용하고 화전 5개를 제출하시오.

조리 Point

❶ 찹쌀가루의 젖은 정도에 따라서 물의 양을 조절해야 한다. 젖은 찹쌀가루(방앗간용) 1컵에 끓는 물 2큰 술이 적당하다.
❷ 반죽이 되면 화전의 가장자리가 갈라지고, 질면 반죽이 많이 늘어져서 모양이 예쁘지 않다.
❸ 화전을 지질 때 투명하게 되면 익은 것으로 오래 익히면 반죽이 쳐진다.
❹ 화전이 완성되면 접시에 기름을 조금 발라서 익혀낸 화전을 꺼내 놓아야 달라붙지 않는다.

 **만드는 법**

 **지급재료**

- 젖은 찹쌀가루(방앗간에서 빻은 것) 100g
- 대추(중, 마른 것) 1개
- 소금(정제염) 5g
- 식용유 10mL
- 백설탕 40g
- 쑥갓 10g

❶ 찹쌀가루는 소금을 넣고 비벼서 체에 내린 다음 뜨거운 물로 익반죽하고 치대어 비닐봉지에 담아둔다.

❷ 대추는 젖은 면보에 닦아서 돌려 깎아 씨를 발라낸 후 돌돌 말아 0.1cm 두께로 얇고 동그랗게 썬다.

❸ 쑥갓은 찬물에 담가서 싱싱하게 잎을 살린 후에 물기를 털고 짧게 잎을 떼어 준다.

❹ 냄비에 설탕과 물을 동량으로 넣고 젓지 말고 중불에서 서서히 끓여 양이 반 정도 될 때까지 조려서 시럽을 만든다.

❺ ❶의 반죽을 직경 5cm, 두께는 0.4cm 정도로 둥글고 납작하게 5개 빚는다.

❻ 달군 팬에 기름을 두르고 약불에서 빚은 찹쌀 반죽을 지져서 한 면이 익으면 뒤집어서 대추와 쑥갓으로 장식하여 투명하게 지져낸다.

❼ 지져낸 화전을 그릇에 담고 위에 시럽을 뿌려준다.

♧ **시럽**
- 물 3큰술
- 설탕 3큰술

매작과

51

매작과는 밀가루에 소금과 생강즙을 넣어 반죽해서 얇게 밀어 네모나게 썰고 칼집을 넣어 꼬아서 기름에 튀겨 조청이나 꿀에 집청한 과자이다. 매화나무에 앉은 참새모양이란 뜻이다.

시험시간 **30**분

 **요구사항** 주어진 재료를 사용하여 다음과 같이 매작과를 만드시오.

㉮ 매작과는 크기가 균일하게 2cm×5cm×0.3cm 정도로 만드시오.
㉯ 매작과 모양은 중앙에 세군데 칼집을 넣어 모양을 내시오.
㉰ 시럽을 사용하고 잣가루를 뿌려 10개를 제출하시오.

 조리 Point

❶ 밀가루와 물의 비율은 3:1의 비율이 적당하다. 매작과는 밀가루 6큰술에 생강즙을 섞은 물 2큰술로 반죽하면 알맞다.
❷ 설탕 시럽을 만들 때 젓게 되면 설탕 결정이 생기므로 반드시 젓지 말고 그대로 조려서 사용한다.
❸ 매작과를 튀길 때는 틈이 벌어지지 않도록 젓가락으로 모양을 잡아가며 튀겨주고, 튀겨서 상온에 두면 색이 진해지므로 원하는 색보다 엷을 때 꺼내야 한다.

 **만드는 법**

❶ 생강은 껍질을 벗기고 강판에 갈아서 물 3큰술을 넣고 생강물을 만든다.

❷ 밀가루는 체에 내린 다음 물, 소금, 생강물을 넣고 되직하게 반죽하여 비닐 봉지에 담아둔다.

❸ 잣은 고깔을 떼고 종이를 깔고 칼로 곱게 다진다.

❹ 냄비에 설탕과 물을 동량으로 넣고서 젓지 말고 중불에서 서서히 끓여 양이 반 정도 될 때까지 졸여서 시럽을 만든다.

❺ 밀가루 반죽을 0.3cm 두께로 밀어서 길이 5cm, 폭 2cm로 자른 다음 내천(川)자처럼 중심에 세 군데 칼집을 내고 가운데로 한 번만 뒤집는다.

❻ 기름은 150℃ 정도가 되면 매작과를 넣어 젓가락으로 모양을 잡아주며 노릇하게 앞, 뒤로 튀긴다.

❼ 튀긴 매작과는 설탕 시럽에 담갔다 건져 그릇에 담고 위에 잣가루를 뿌린다.

 **지급재료**

- 밀가루(중력분) 50g
- 소금(정제염) 5g
- 식용유 300mL
- 백설탕 40g
- 생강 10g
- 잣(간 것) 5개
- A4 용지 1장

♣ **시럽**
- 물 3큰술
- 설탕 3큰술

배숙

배숙은 배에 통후추를 박아서 생강을 우린 물에 꿀이나 설탕을 넣고 끓여서 차게 식혀서 마시는 음료이다.

시험시간 **30분**

 요구사항 주어진 재료를 사용하여 다음과 같이 배숙을 만드시오.

㉮ 배의 모양과 크기는 일정하게 3쪽 이상을 만들고 등쪽에 통후추를 박으시오.
　　(단, 지급된 배의 크기에 따라 완성품을 만든다.)
㉯ 국물은 생강과 설탕의 맛이 나도록 하고, 양은 200mL 정도 제출하시오.
㉰ 배가 국물에 떠 있는 농도로 하시오.

 **조리 Point**

❶ 통후추는 크기와 빛깔이 비슷한 것으로 골라서 배의 표면보다 깊이 박아 끓일 때 빠지지 않게 한다.
❷ 통후추는 가운데를 먼저 박고 양끝을 박으면 간격이 일정하다.
❸ 배를 익힐 때 뚜껑을 열고 익혀야 과육이 투명해지고 국물도 탁해지지 않는다.
❹ 배숙은 식혀서 담고, 배가 국물에 뜨면 당도가 맞은 것이다.

 **만드는 법**  **지급재료**

❶ 생강은 껍질을 벗기고 얇게 썰어 물을 3컵 넣고 생강 맛이 잘 우러나도록 서서히 끓인다.(생강 우린 물 2컵이 되도록 만든다.)

❷ 배는 3등분하여 껍질을 벗기고 씨 부분을 반듯하게 자른 다음 모서리 각진 부분을 둥글게 다듬는다.

❸ 다듬은 배의 등 쪽에 통후추를 3개씩 깊숙이 박는다.

❹ 끓인 생강물은 면보에 걸러서 냄비에 담고 분량의 설탕과 배를 넣어 은근한 불에서 배가 투명해지도록 끓인 다음 배는 건져내고 국물은 식힌다.

❺ 잣은 고깔을 떼고 젖은 면보로 닦아준다.

❻ 그릇에 익힌 배를 담고 식은 국물을 부어준 후 잣을 띄워준다.

- 배(중, 150g 정도 지급) 1/4개
- 통후추 15개
- 생강 30g
- 황설탕 30g
- 잣(깐 것) 3개
- 백설탕 20g

♧ **배숙 국물**
- 생강물 2컵
- 백설탕 1큰술
- 황설탕 2큰술

53 재료썰기

재료 썰기는 가장 기본적인 조리 방법 중 하나다. 오이는 돌려 깎아서 채 썰고, 무는 규격대로 채 썰고, 당근은 골패 모양으로 썬다. 달걀은 황백으로 나누어 지단을 부쳐 채를 썰거나 마름모꼴로 썰어 고명으로 사용한다.

시험시간 **25분**

 요구사항 주어진 재료를 사용하여 다음과 같이 재료 썰기를 하시오.

가 무, 오이, 당근, 달걀 지단을 썰기하여 전량 제출하시오.
나 무는 채썰기, 오이는 돌려깎기하여 채썰기, 당근은 골패썰기를 하시오.
다 달걀은 흰자와 노른자를 분리하여 알끈과 거품을 제거하고 지단을 부쳐 완자(마름모꼴) 모양으로 각 10개를 썰고, 나머지는 채썰기를 하시오.
라 재료 썰기의 크기는 다음과 같이 하시오.
　1) 채썰기 – 0.2cm×0.2cm×5cm　　2) 골패썰기 – 0.2cm×1.5cm×5cm
　3) 마름모형 썰기 – 한 면의 길이가 1.5cm

 조리 Point
❶ 달걀은 황백으로 나눠서 알끈을 제거한 후 소금을 넣고 풀어 거품을 제거해준다.
❷ 프라이팬에 기름을 넣고 달군 다음 기름을 제거한 후 약불로 지단을 부친다.

 **만드는 법**

 **지급재료**

❶ 무는 껍질을 벗기고 0.2cm×0.2cm×5cm 길이로 채 썬다.

❷ 오이는 돌려 깎아서 0.2cm×0.2cm×5cm 길이로 채 썬다.

❸ 당근은 껍질을 벗기고 0.2cm×1.5cm×5cm 크기로 골패썰기를 한다.

❹ 달걀은 흰자, 노른자를 분리하여 알끈을 제거 한 후 소금으로 간을 하고 황백 지단을 0.2cm 두께로 부친다.

❺ 달걀지단은 마름모꼴 모양으로 한 면의 길이가 1.5cm 정도 크기로 각각 10개씩 썰고, 나머지는 0.2cm×0.2cm×5cm 길이로 채썬다.

❻ 접시에 모든 재료를 가지런히 담는다.

- 무 100g
- 오이(길이 25cm 정도) 1/2개
- 당근(길이 6cm 정도) 1토막
- 달걀 3개
- 식용유 20mL
- 소금 10g

Healthy Choice of Korean Cuisine

부록

생활건강식

01 영양밥

 만드는 법

1. 찹쌀을 2시간 정도 불린 다음, 김이 오른 찜통에 젖은 면보를 깔고 20분간 찐다.
2. 표고버섯 불린 것, 더덕, 인삼, 죽순, 밤은 1cm 크기로 썰고, 대추는 돌려 깎아 3등분하고, 마는 연필깎기 한다.
3. 팬에 다시마 물과 진간장을 끓이다가 재료들을 넣고 한소끔 끓으면 불을 끈다.
4. 찐 찹쌀과 ❸의 재료를 고루 섞어서 김이 오른 찜통에 15분 정도 쪄준다.
5. 기호에 맞게 양념 간장을 곁들여도 좋다.

지급재료

- 찹쌀 2컵
- 마 100g
- 밤 5개
- 대추 3개
- 호두 5개
- 인삼 2뿌리
- 건표고버섯 2개
- 은행 10알
- 잣 1큰술

♣ 부재료 양념장

- 다시마물 1컵
- 소금 조금
- 간장 1큰술
- 참기름 조금

음식보감

인삼은 면역기능을 개선하여 저항력을 높여주는 명약 중의 명약이다. 간장, 위장, 심장의 기능을 회복시키고 콜레스테롤 수치를 조절해 주는 성분이 함유되어 있고 신경통, 류머티즘, 피로회복에 더없이 좋으며, 고혈압, 당뇨병 등의 성인병을 예방 치료한다.

02 단호박밥

 만드는 법

1. 단호박은 껍질과 씨를 제거하고 깍둑 모양으로 썰어 놓는다.
2. 불린 쌀에 다시마물을 붓고 소금 간을 하여 밥을 앉힌 다음, 밥이 끓기 시작하면 단호박을 넣고 충분히 뜸을 들인다.
3. 기호에 따라 양념장을 만들어 비벼 먹기도 한다.

 지급재료

- 불린 쌀 3컵
- 단호박 200g
- 다시마물 3컵
- 소금 조금

음식보감

단호박은 주성분이 당질이지만 카로틴의 형태로 들어 있는 풍부한 비타민 A를 비롯해 식물성 섬유와 비타민 B_1, B_2, C, 칼슘, 철분, 인 등의 미네랄이 균형 있게 들어 있다. 비타민 A와 C가 풍부해서 점막을 튼튼하게 하며 감기에 대한 저항력을 길러준다. 또 호박에는 몸을 따뜻하게 하는 작용이 있어서 냉증이 있는 사람에게 적합하다.

03 흑미죽

 **만드는 법**

① 흑미는 씻은 후 충분히 불려서 물기를 빼서 가루를 만든다. (흑미가루 대신 불린 흑미에 물을 조금 넣고 갈아도 된다.)
② 마는 잘게 썬다.
③ 흑미가루에 물을 넣고 서서히 저어주면서 끓인다. 죽이 거의 다 완성되면 마를 넣고 한 소끔 끓인 후 소금 간을 한다.
④ 기호에 따라 설탕을 넣어도 좋다.

 지급재료

- 흑미가루 1컵
- 물 5컵
- 마 50g
- 소금 조금

음식보감

흑미는 예로부터 장수미 또는 약미로 불리워졌다. 검은 쌀은 흰 쌀에 비해 단백질과 지방, 비타민, 무기질 함유량이 훨씬 높아 면역 기능 강화, 노화 방지, 피부 미용 등에 효과가 있다. 아이들의 골격을 형성하는 각종 미네랄이 풍부해 이유기 때부터 흰 쌀 대신에 검은 쌀 이유식을 먹이면 성장에 도움이 된다. 신장과 간장을 튼튼하게 해주며 각종 알레르기 질환 예방에도 좋다.

04 청포묵국

 만드는 법

① 멸치의 머리와 내장을 떼어내고 팬에 기름없이 볶은 다음 물에 1시간 정도 담가둔다.
② 냄비에 불린 멸치를 넣고 5~7분 끓인다.
③ 청포묵은 0.5cm 두께로 채 썰어 끓는 물에 투명하게 데쳐 찬물에 헹궈 놓는다.
④ 홍고추는 반으로 잘라 씨를 제거하고 4cm 정도의 길이로 채 썬다.
⑤ 양파는 채 썰고, 파는 4cm 정도 길이로 썬다.
⑥ 계란을 풀어 놓는다.
⑦ 멸치가 우러나면 면보에 걸러 간장, 소금을 넣고 끓이다가 양파, 파, 홍고추, 청포묵, 마늘을 넣고 불을 낮춰 끓인다.
⑧ 계란 풀은 것을 넣고 바로 젓지 말고 한 번 끓인 후 불은 끈다.

 지급재료

- 청포묵 1모
- 굵은 멸치 10마리
- 실파 5대
- 달걀 1개
- 홍고추 1개
- 양파 ¼개
- 다진 마늘 조금
- 소금 조금
- 집 간장 1큰술

음식보감 몸 안의 독소를 빼주고, 더위에 지친 몸과 피부를 다스려주는 최고의 여름 보양식이 바로 녹두이다. 녹두는 몸의 습기를 배출해주어 순환을 돕기 때문에 습기가 많은 장마철 늘어지기 쉬운 더운 여름에도 녹두는 몸에 최고로 좋다. 녹두는 일찍이 그 효능을 인정받아 동의보감, 본 강목 등 유명한 의학서적에 기록되어 있는바 "녹두는 영양가가 뛰어나 세상에 존재하는 곡식 중 최고"라고 전하고 있다. 묵은 저칼로리의 다이어트 음식이다. 묵은 칼로리는 낮지만 단백질, 식물성 지방, 식이섬유, 비타민, 무기질 등 영양소가 풍부한 진정한 건강식이다.

05 인삼 초교탕

 **만드는 법**

① 닭고기는 내장과 핏물을 잘 제거하고 끓는 물에 데친 후 찬물에 잘 씻어서 기름기를 제거한다.
② ①의 닭에 인삼, 마늘, 양파, 통후추, 생강, 대파 등을 넣고 푹 익혀서 육수는 기름기 없게 면보에 거르고, 고기는 결대로 찢는다.
③ 수삼과 표고는 채 썰고, 미나리는 손질하여 같은 길이로 썬다.
④ 손질한 닭고기, 수삼, 표고, 미나리에 양념을 넣고 밑간을 한 다음, 밀가루를 솔솔 뿌리고 달걀물을 넣어 섞는다.
⑤ 끓는 육수에 간장으로 색을 내고 반죽한 ④를 반 수저씩 떠서 넣는다.
⑥ 한 소끔 끓어 오르면 겨자장을 준비하여 같이 낸다.

 **지급재료**

- 닭 1마리(1kg)
- 수삼 3뿌리
- 미나리 50g
- 건표고버섯 3개
- 달걀 1개
- 밀가루 1큰술
- 다진 파 1큰술
- 다진 마늘 1작은술
- 소금 조금
- 후추 조금
- 국간장 1작은술
- 참기름 1작은술

음식보감

닭고기와 인삼은 아주 잘 어울리는 상생식품으로 여름철 보양식으로 널리 알려져 있다.
병후 회복기 환자의 아침 식사용으로 적당하다. 초교탕은 밀가루로 반죽을 하였기 때문에 오래 두면 불어서 맛이 없으므로 반죽을 만들어 두었다가 바로 끓여서 낸다.

06 매생이 검은 콩국수

 만드는 법

① 서리태는 하룻밤 불려서 소금을 조금 넣고 삶아 준다. 식으면 믹서에 삶은 물과 함께 갈아서 냉장고에 보관한다.
② 매생이는 고운체에 넣고 흔들어 깨끗이 씻어 건졌다가 끓여서 식힌 물을 넣고 간다.
③ 밀가루에 ①의 갈은 매생이물을 넣고 반죽하여 밀대로 얇게 밀어 채 썬다.
④ 끓는 물에 준비한 매생이 국수를 넣고 삶아 준다.
⑤ 삶은 매생이 국수를 예쁘게 사리지어 차게 준비한 검은 콩물을 부어 낸다.

 지급재료

- 밀가루 200g
- 매생이 100g
- 서리태 1컵
- 소금 조금

음식보감 매생이는 몸 안에 노폐물을 제거하고 피를 맑게 해줘 콜레스테롤 수치를 떨어뜨리기 때문에 성인병 예방에도 좋다. 또한 소화기능에도 탁월한 효과가 있어 위궤양과 이지장궤양을 예방하고 염증을 진정시키는 작용을 한다. 그 밖에도 매생이에는 아스파라긴산이 콩나물보다 3배 정도 많이 들어 있어 숙취 해소에도 좋다. 매생이를 손질할 때는 고운 체에 받쳐 한 번만 헹군 뒤 물을 빼야 하는데, 자주 씻을수록 매생이 특유의 향이 사라지기 때문이다. 또 끓일 때는 불이 너무 강하면 금방 녹아 버리기 때문에 약한 불에서 단시간 조리하는 것이 좋다.

07 갈비찜

 만드는 법

1. 소갈비는 반나절 정도 찬물에 담가 핏물을 제거한 뒤 끓는 물에 삶아 찬물에 헹궈 건져 기름기를 제거한 다음 칼집을 낸다. 갈비를 끓였던 국물은 면보에 거른다.
2. 무와 당근은 밤 모양으로 깎아 모양을 낸다. 밤은 껍질을 벗기고 대추는 잘 씻어 놓는다. 표고는 물에 불린 뒤 큼직하게 썰어 놓는다.
3. 냄비에 소갈비를 담고 육수와 준비한 고기 양념장 반 분량을 넣고(갈비가 잠길 정도) 은근한 불에 푹 끓인 다음 무, 당근, 밤, 은행, 표고버섯을 넣고 다시 익힌 후 나머지 양념장을 넣고 졸인다.
4. 팬에 소금을 넣고 파랗게 볶은 은행과 황·백 지단을 부쳐 마름모꼴로 썬 달걀 지단, 잣을 고명으로 올린다.

지급재료

- 소갈비 600g
- 무 100g
- 당근 100g
- 건표고버섯 3개
- 양파 1개
- 밤 6개
- 은행 10개
- 대추 5개
- 잣 1큰술
- 달걀 1개

부재료 양념장
- 진간장 3~4큰술
- 배 ¼개
- 설탕 1큰술
- 청주 1큰술
- 꿀 ½큰술
- 다진 파 2큰술
- 다진 마늘 1큰술
- 후추 1작은술
- 참기름 1큰술

08 수삼 오미자 탕수

 **만드는 법**

1. 수삼과 마는 2cm 길이로 썰어 녹말가루를 묻힌 다음, 물을 뿌리고 찹쌀가루를 묻히고 다시 물을 뿌리고 찹쌀가루를 묻히는 동작을 3~4회 반복해 준다.
2. 수삼과 마는 기름에 두 번 바삭하게 튀긴다.
3. 팬에 오미자 우린 물을 부어 끓기 시작하면 설탕과 소금으로 간을 맞추고 녹말물을 조금씩 넣어 농도를 맞추어 소스를 만든다.
4. 튀긴 수삼과 마를 소스에 버무려 접시에 담는다.
5. 기호에 따라 과일을 곁들여도 좋다.

 **지급재료**

- 수삼 5뿌리
- 마 150g
- 오미자 우린 물 2컵
- 설탕 3큰술
- 소금 조금
- 기름 적당량
- 녹말가루 5큰술
- 찹쌀가루 ½컵

음식보감 🌰 오미자 : 오미자(五味子)라는 이름은 단맛, 신맛, 매운맛, 짠맛, 쓴맛을 갖고 있다고 해서 붙여진 이름이며 특히 단맛과 신맛이 가장 강하다. 각각의 맛은 신체의 장부를 이롭게 하는데, 짠맛과 신맛은 간을 보호하고, 단맛은 자궁을, 매운 맛과 쓴맛은 폐를 보호한다고 되어 있다. 오미자는 자양 강장제로써 체력을 증강시키고 피로회복 해소와 천식의 진정, 눈을 밝게 하는 효능이 있다. 또 수삼과 곁들여 드시면 오미자의 거담, 갈증효과가 더해져 효능이 배가 된다. 특히 여름감기에 특효이다.

09 인삼불고기

만드는 법

1. 소고기는 핏물을 제거하고, 먹기 좋은 크기로 잘라준다
2. 수삼 1개, 간장, 다시마물을 넣고 갈아준다. 나머지 양념을 넣고 불고기 양념을 만들어 고기를 재운다.
3. 나머지 수삼은 손질하여 채 썰고, 대추는 돌려 깎아서 채 썬다.
4. 대파의 흰 부분은 가늘게 채 썰어서 찬물에 담가 싱싱하게 만든 다음 물기를 뺀다.
5. 잣은 밀대로 밀어 종이타월에 기름기를 제거하고 곱게 다진다.
6. 뜨거워진 팬에 재워둔 고기를 볶다가 채 썬 인삼, 대추를 넣고 볶는다.
7. 채 썬 대파를 담고 가운데 고기를 소복히 담아 잣가루를 뿌려준다.

지급재료

- 소고기(불고기용) 600g
- 수삼 2뿌리
- 대추 2개
- 잣 1개
- 대파(흰 부분) 2대

♣ 부재료 양념장

- 간장 5큰술
- 다시마물 3큰술
- 설탕 2큰술
- 꿀 1큰술
- 다진 파 1큰술
- 다진 마늘 ½큰술
- 참기름 1작은술

음식보감

수삼 보관방법 : 수삼은 밭에서 채취한 후 말리지 않아 생삼(生參)이라고도 하며 대체로 색이 뽀얗고 굵으며 잔뿌리가 많은 것을 고르는 것이 좋다. 수삼은 무엇보다 보관이 중요하다. 수분이 75~85%나 되기 때문에 1~2주 이상 저장하는 게 쉽지 않기 때문이다. 수삼은 구입한 뒤 바로 복용하는 게 좋고, 쉽게 부패하거나 약효가 떨어지므로 세척하지 않은 상태로 섭씨 0~5℃의 저온에서 냉장 보관한다.

10 삼색밀쌈

만드는 법

❶ 소고기는 채 썰어 분량의 양념장에 무친다.
❷ 당근은 채 썰어 팬에 참기름을 넣고 약간의 소금을 넣어 볶는다.
❸ 오이는 돌려 깎기 해서 껍질만 채 썰어 소금에 절였다가 꼭 짜서 참기름을 넣고 볶는다.
❹ 달걀 지단을 황·백으로 나누어 부쳐 각각 채 썬다.
❺ 시금치 즙, 고구마가루에 밀가루를 섞어 반죽해 달군 팬에 얇게 부친다.
❻ 전병에 볶은 재료를 넣고 말아서 얌전히 썰어 접시에 담아낸다. 기호에 따라 겨자장을 곁들여 낸다.

지급재료

- 소고기 100g
- 청오이 1개
- 당근 ½개

〈밀전병〉
- 우리밀 3컵
- 다시마물 3컵
- 시금치 즙 적당량
- 자색 고구마가루 적당량

♧ 소고기 양념장
- 간장 1큰술
- 설탕 ½큰술
- 다진 파 1작은술
- 다진 마늘 ½작은술
- 후추 조금
- 참기름 1작은술

음식보감

밀쌈이란 요즘 만들어 먹는 구절판의 원형이라 할 수 있다. 기름에 부쳐서 만들기 때문에 유전병, 지지는 떡에 속한다. 유월 유두날 (음력 6월 6일) 궁중이나 반가에서 만들어 먹었다고 전해지는 '연병'도 밀쌈의 일종으로 밀가루를 지져서 오이 등의 나물 소를 넣거나 콩과 들깨를 합하여 소로 넣고 만들었다. 밀쌈은 밀가루를 묽게 반죽하여 기름을 두르고 얇게 부쳐서 채 썬 오이, 버섯, 고기를 볶아서 소를 넣고 말아서 만든다. 봄과 여름철에 술안주나 교자상 음식으로 좋으며, 깨를 꿀로 반죽한 소를 넣은 후식용도 있다.

11 인삼잡채

만드는 법

1. 당면은 찬물에 담가 불린 다음 적당한 길이로 자른다.
2. 표고버섯은 물에 불려서 기둥을 떼고 곱게 채 썰고 적당한 크기로 썬 소고기와 양념한다.
3. 오이는 돌려 깎아 껍질 부분만 소금에 절이고, 양파, 수삼, 홍고추도 같은 길이로 채 썬다.
4. 표고버섯 우린 물에 간장과 참기름을 넣고 끓어 오르면 불린 당면을 넣고 면이 부드러워질 때까지 졸인다.
5. 달군 팬에 기름을 두르고 오이, 양파, 소고기와 표고 순으로 볶아준다.
6. 조린 당면에 볶아놓은 소고기와 표고버섯, 오이, 양파와 채친 수삼을 넣고 잘 섞어 준 다음 홍고추, 참기름, 후춧가루, 소금으로 간을 맞춘다.

지급재료

- 당면 200g
- 오이 1개
- 수삼 1개
- 양파 ½개
- 간장 3큰술
- 소고기 100g
- 건표고버섯 5개
- 홍고추 1개
- 잣 1큰술
- 참기름 조금

♣ 소고기 · 표고 양념장

- 간장 2큰술
- 다진 파 1작은술
- 참기름 조금
- 다진 마늘 ½작은술
- 설탕 1큰술
- 후추 조금

12 궁중떡볶이

만드는 법

1. 흰떡은 5cm 길이로 썰어 4등분 후 끓는 물에 살짝 데쳐서 물기를 제거하고 유장에 무쳐둔다.
2. 소고기는 3mm 두께로 채 썰고, 표고버섯은 불려서 3mm 두께로 채 썰어 간장 양념장의 ⅓에 조물조물 양념한다.
3. 호박오가리는 불려서 썰어 양념장에 무쳐둔다.
4. 숙주는 거두절미해서 끓는 소금물에 살짝 데쳐서 꼭 짜서 준비한다.
5. 당근과 양파는 4cm 길이로 채 썬다.
6. 달군 팬에 달걀은 황·백으로 분리하여 지단을 부쳐서 4×1cm 길이로 준비한다.
7. 달군 팬에 소고기와 표고버섯을 볶다가 양파, 당근, 호박오가리를 넣고 나머지 양념장을 넣고 볶아주다가 유장 처리한 떡, 숙주를 넣고서 볶아준다.

지급재료

- 흰떡 250g
- 소고기 50g
- 숙주 50g
- 당근 ⅓개
- 양파 ½개
- 건표고버섯 3개
- 호박오가리 5장
- 달걀 1개

♣ **간장 양념장**
- 간장 2큰술
- 설탕 1큰술
- 다진 파 1큰술
- 다진마늘 ½큰술
- 참기름 조금
- 후추 조금

♣ **떡볶이 유장**
- 간장 1큰술
- 설탕 조금
- 참기름 1작은술

♣ **호박오가리 양념**
- 소금, 다진 파, 다진 마늘, 참기름 적당량

13 참마 흑미구이

 만드는 법

① 참마는 껍질을 벗겨 0.8cm 두께로 어슷으로 잘라서 소금을 뿌려서 녹말가루를 묻혀둔다.
② 흑미는 3시간 정도 불린 후에 다시마물을 넣고서 곱게 갈아 소금을 넣고 녹말가루를 약간 섞는다.
③ 손질한 참마에 흑미 반죽을 묻혀 달궈진 팬에 기름을 두르고 지져낸다.
④ 기호에 따라 겨자장이나 초장을 곁들인다.

 지급재료

- 참마 200g
- 흑미가루 ½컵
- 녹말가루 조금
- 다시마물 ½컵
- 소금 조금
- 기름 조금

조리 Tip
참마 대신 통도라지 또는 더덕으로 대신해도 좋다.

14 씨삼무침

만드는 법

① 씨삼은 깨끗이 씻어서 물기를 제거한다.
② 고춧가루를 제외한 양념을 섞는다.
③ 씨삼에 고춧가루로 먼저 물을 들인 다음 양념을 섞어서 버무린다.

지급재료

- 씨삼 200g
- 고운 고춧가루 1큰술
- 고추장 1큰술
- 다진 마늘 ½큰술
- 간장 ½큰술
- 꿀 1큰술
- 소금 조금
- 깨소금 조금

조리 Tip

씨삼은 인삼의 향이 많이 나므로 파, 마늘, 생강 등의 향신료는 조금만 넣어도 좋다.

부록 – 생활건강식 | 213

15 인삼장떡

만드는 법

1. 수삼은 잘 손질하여 1/2는 송송 썰고 나머지는 잘게 다져준다.
2. 다시마물에 고추장을 넣고 멍울 없이 잘 풀어 놓는다.
3. 고추장 푼 물에 밀가루를 넣고 멍울지지 게 잘 저은 후, 잘게 썬 수삼을 넣어 반죽한다.
4. 팬에 기름을 두르고 뜨겁게 달구어지면 반죽을 작게 한 숟갈씩 떠놓아서 동글동글 썰어놓은 수삼을 얹어 지져 낸다.

지급재료

- 수삼 1개
- 우리밀 1컵
- 고추장 2큰술
- 다시마물 ½컵
- 소금 조금

조리 Tip

인삼장떡은 한 국자씩 떠서 크게 둥글게 부쳐서 식은 후에 네모지게 썰어서 담아내도 좋다. 두꺼운 것보다는 얇게 부치는 것이 차지고 맛있다.

16 인삼약고추장

 만드는 법

① 수삼은 잘게 썬다.
② 달군 팬에 고추장, 잘게 썬 수삼, 참기름을 고루 섞어서 센불에서 볶다가 끓기 시작하면 불을 낮춰 볶는다.

 지급재료

- 고추장 2컵
- 인삼 2뿌리
- 물 적당량
- 꿀 적당량
- 참기름 1작은술
- 식용유 1큰술
- 잣 1큰술

조리 Tip
식으면 뜨거울 때보다 농도가 되직해지므로 무 되직하게 조리지 않는다.
볶음 고추장을 만들 때는 냄비의 밑이 얇으면 쉽게 타기 때문에 밑이 두꺼운 냄비가 좋으며 나무주걱으로 젓는 것이 좋다. 볶음 고추장은 오랜 시간 조림으로써 윤기가 나며 수분이 증발되어 장기간 보관이 가능하다.

부록 – 생활건강식 | 215

17 삼색나물

 만드는 법

❶ 각각의 나물을 잘 손질하여 깨끗하게 씻은 다음 끓는 물에 소금을 넣고 살짝 데치고 꼭 짜준다.
❷ 각각의 양념장을 만든다.
❸ 3가지의 나물에 각각의 양념장을 넣고 조물조물 무친다.

지급재료

♣ **곰취 된장무침**
- 곰취 200g
- 된장 2큰술
- 깨소금 조금
- 다진 마늘 1/2큰술
- 다시마물(또는 소고기 육수) 2큰술
- 다진 파 1큰술
- 깨소금 조금

♣ **취나물 무침**
- 취나물 200g
- 소금 2작은술
- 다진 파 1큰술
- 깨소금 조금
- 다진 마늘 1/2큰술
- 참기름 조금

♣ **참나물 고추장무침**
- 참나물 200g
- 고추장 2큰술
- 고운 고춧가루 1/2큰술
- 다진 파 1큰술
- 간장 1/2큰술
- 다진 마늘 1/2큰술
- 꿀 1큰술
- 깨소금 조금

18 인삼열무김치

만드는 법

1. 열무는 겉잎을 떼고 흙을 잘 털어 5cm 길이로 잘라 살살 씻어 소금물을 풀어 30분 정도 잠깐 절인다.
2. 열무가 절여졌으면 물로 3번 정도 살살 씻어 물기는 간단히 빼준다.
3. 수삼은 다듬어 손질하여 씻어서 놓고 쪽파는 다듬어서 5cm 길이로 썰고 청양 고추는 어슷어슷 썰어 씨를 빼놓고 보리밥은 물 1컵을 넣어 믹서에 곱게 갈아 체에 받쳐 국물만 쓴다.
4. 마늘, 생강도 물을 넣어 믹서에 곱게 갈아 체에 받쳐 국물만 쓴다.
5. 마른 고추는 꼭지를 떼고 씨를 빼서 생수를 넣고 믹서에 곱게 갈아 체에 받쳐 국물만 쓴다.
6. 생수에 소금을 풀어 ❸. ❹. ❺를 넣고 까나리액젓과 설탕을 넣어 간을 맞춘다.
7. ❻ 국물에 열무를 넣어 조심스럽게 버무려 김치통에 담는다. 익으면 냉장고에 보관한다.

지급재료

- 열무 1단
- 수삼 100g
- 파 100g
- 청양고추 5개
- 마늘 1통
- 생강 2작은술
- 마른고추 10개
- 보리밥 1컵
- 소금 적당량
- 설탕 적당량
- 생수 적당량

조리 Tip
열무는 너무 힘을 주어 씻으면 풋내가 나기 때문에 약한 소금물에 씻는 것이 좋다.

19 인삼영양떡

 만드는 법

① 찹쌀을 씻어 5시간 이상 충분히 불려 건져 물기를 빼고 소금을 넣어 빻는다. 흑미도 충분히 물에 불려서 빻는다.
② 대추는 씨를 빼서 돌돌 말아둔다.
③ 쌀가루에 분량의 물을 부어 중간 체에 내린 후 설탕을 골고루 섞는다.
④ 찜통에 시루 밑을 깔고 떡을 안쳐 20분간 찐 후 5분간 뜸 들인다.
⑤ 수삼은 꿀에 졸여 건진다.
⑥ 떡을 굳힐 그릇에 익힌 떡을 쏟아 눌러 밀대로 편평하게 한 다음 조린 인삼과 대추를 넣고 말아 굳힌 후 썬다.

 지급재료

- 찹쌀가루 600g
- 흑미가루 200g
- 소금 3/4큰술
- 꿀 100g
- 설탕 8큰술
- 수삼 6뿌리
- 대추 8개

20 인삼정과

 만드는 법

① 인삼(수삼)은 깨끗이 씻어서 소쿠리에 건진다.
② 끓는 물에 인삼을 넣고 잠깐 동안 데친 다음 냄비에 데친 인삼을 담고 물엿과 설탕을 넣은 후 인삼이 잠길 정도의 물을 붓고 서서히 졸인다.
③ 조림 국물이 거의 졸아들고 인삼의 빛깔이 발그레 하면서 투명하게 윤기가 나면 꿀을 넣고 젓는다. 꿀을 넣으면 윤기와 향기가 매우 좋아진다.

 지급재료

- 수삼 5뿌리
- 설탕 100g
- 꿀 3~4큰술
- 물엿 50g
- 물 2컵
- 소금 1작은술

21 인삼양갱

 만드는 법

1. 한천을 찬물에 충분히 불려서 체에 바쳐서 물기를 뺀다.
2. 물에 한천을 넣고 한천이 다 녹으면 체에 걸러서 분량의 설탕을 넣고서 농도가 생길 때까지 졸인다. 농도가 잡히면 팥앙금을 넣고서 충분히 끓여서 완성이 되면 물엿을 넣고 10분 정도 더 끓인다.
3. 수삼을 깨끗이 씻어 끓인 후 건져서 꿀에 졸였다가 건져둔다.
4. 모양 틀에 ❷의 팥앙금 ½을 넣고 수삼의 모양을 잘 살려서넣은 다음 나머지 한천물 ½을 넣어 굳힌다.

지급재료

- 팥앙금 200g
- 한천 10g
- 설탕 100~150g
- 물엿 적당량
- 수삼 3개
- 소금 조금
- 물 적당량

조리 Tip
양갱은 찬물에 떨어뜨려 퍼지지 않으면 완성된 것이다.

22 인삼편

 **만드는 법**

① 한천을 찬물에 충분히 불려서 체에 물기를 뺀다.
② 인삼 끓인 물에 한천을 넣고 한천이 다 녹으면 체에 걸러서 분량의 설탕을 넣고서 졸인다. 거의 완성이 되면 물엿을 넣고서 한 번 끓인다.
③ 모양 틀에 졸인 한천물 ½를 넣고, 수삼의 모양을 잘 살려서 넣은 다음 나머지 한천물을 넣어서 굳힌다.

 **지급재료**

- 수삼 2뿌리
- 한천 10g
- 설탕 100g~150g
- 물엿 적당량
- 인삼 끓인 물 적당량

23 오미자화채

 만드는 법

1. 오미자는 티를 고르고 깨끗이 씻어 물기를 뺀 후 끓여서 따뜻한 물에 하룻밤 우려내어 고운체에 걸러낸다.
2. 오미자 우린 물에 시럽, 소금, 꿀을 기호대로 넣어 색과 맛을 조절한다.
3. 배는 얇게 편 썰어 모양 틀로 찍어 오미자물에 띄운다.

지급재료

- 오미자 ½컵
- 물 5컵
- 시럽 적당량
- 꿀 적당량
- 소금 조금
- 배 ¼개

조리 Tip

오미자를 보관할 때는 냉동실에 보관해야 한다. 오미자는 말리더라도 속까지 완전히 건조되지 않는 경우가 있어 쉽게 부패할 수 있기 때문이다.
- 앵두를 꿀에 재워두었다가 화채에 2~3알씩 띄워 먹으면 새콤달콤한 맛이 좋다.
- 오미자:물=1:10이 좋다.

24 도시락

만드는 법

1. 연어는 1cm 두께로 썰어 소금, 후추, 화이트와인으로 30분 정도 밑간을 한다. 팬을 달군 후 버터를 두르고 앞·뒤로 노릇하게 굽고 약불로 굽거나 200℃ 예열된 오븐에 10분 정도 구워준다.
2. 닭 봉은 칼집을 넣고 청주, 소금, 후추로 간을 한 후 팬에 굽는다. 분량의 소스가 끓으면 익힌 닭 봉을 넣고 은근히 조리다가 물녹말을 붓고 섞어준다.
3. 달걀은 풀어서 청주, 설탕, 소금을 넣어 간을 하고 팬에 계란물을 넣고 살짝 익으면 깻잎을 올려 말아준다. 식힌 후 1cm 두께로 썬다.
4. 멸치는 팬에 식용유를 두르고 약한 불로 볶아 체에 내리고, 호두는 반으로 갈라서 팬에 볶아준다. 여기에 분량의 양념장을 넣고 끓으면 멸치, 호두를 넣고 버무린다.
5. 뱅어포는 팬에 식용유를 두르고 살짝 구워서 양념장을 바글바글 끓여 식힌 후 뱅어포를 재웠다가 석쇠에 구워서 적당하게 자른다.
6. 브로콜리는 끓는 물에 소금을 넣고 데친 후 찬물에 헹군다. 적당하게 썰어 팬에 올리브, 소금을 넣고 볶아준다.
7. 도시락에 준비된 것을 보기 좋게 담는다.

지급재료

- 연어 300g • 닭 봉 200g • 멸치 50g
- 호두 50g • 뱅어포 2장 • 달걀 5개
- 무말랭이무침 50g • 브로콜리 50g
- 단무지무침 50g
- 청주, 소금, 후추, 생강즙, 설탕 적당량

♣ **닭 양념소스**
- 간장 4큰술 • 맛술 4큰술 • 설탕 1큰술
- 청주 4큰술 • 케찹 1큰술 • 물녹말 1큰술

♣ **멸치·호두볶음**
- 간장 1큰술 • 청주 1큰술 • 미림 1큰술
- 설탕 1작은술 • 물엿 1큰술 • 통깨 ½작은술

♣ **뱅어포 양념장**
- 고추장 1½큰술 • 물엿 2큰술
- 다시물 2큰술 • 고춧가루 ½큰술
- 간장 1큰술 • 다진 마늘 1큰술
- 청주 1큰술 • 통깨 약간

부록 - 생활건강식

25 수삼샐러드

 만드는 법

1. 수삼은 깨끗이 씻어 5㎝ 길이로 가늘게 채 썬다.
2. 양상추는 손으로 적당하게 뜯어 얼음물에 담가 싱싱하게 준비한다.
3. 적채는 가늘게 채 썰고, 오이는 돌려 깎아 4㎝ 길이로 채 썬다. 당근도 4㎝ 길이로 채 썰어 싱싱하게 준비한다.
4. 밤, 배는 설탕물에 담갔다가 채 썬다. 대추는 돌려 깎아 가늘게 채 썬다.
5. 소스의 분량을 섞어서 소스를 만든다.
6. 접시에 채소를 보기 좋게 담고 소스를 끼얹고 그 위에 잣가루를 뿌린다.

 지급재료

- 수삼 2뿌리
- 양상추 3잎
- 적채 30g
- 청오이 1/4개
- 대추 3개
- 밤 3개
- 배 ¼개
- 잣가루 1작은술

♣ **겨자소스**

- 겨자 2큰술
- 식초 2큰술
- 레몬즙 1큰술
- 설탕 1큰술
- 꿀 1큰술
- 소금 1작은술

참고문헌

- 강인희, 『한국식생활사』, 삼영사(1978).
- 『한국의 맛』, 대한교과서(1992).
- 『고향음식의 맛과 멋』, 한국문화재관리국(1990).
- 성태종 외 7인, 『음식문화 비교론』, 대왕사(2006).
- 윤숙경, 『우리말 조리어 사전』, 신광출판사(1996).
- 윤숙자, 『한국의 혼 음식』, 지구문화사(2001).
- 한복려 외 2인, 『궁중음식 조선왕조』, 궁중음식연구원(2003).
- 황혜성, 『한국음식』, 민서출판사(1987).
- 김호철, 『한방식이요법학』, 경희대학교 출판국(2003).
- 한억, 『전통음식의 현대적 인식과 재창조』, 서울대학교 석사학위논문(1996).

저자 약력

김찬화
- 우송대학교 석사

現 우송대 외식조리학부 글로벌한식조리전공 전임교수
    국가기술 조리기능사·조리산업기사 감독위원
    ㈜산업경영컨설팅 지도위원

前 지방기능경기대회 심사

류지나
- 경희대학교 관광대학원 관광경영학 석사
- 조리기능장

現 김포평생학습센터 강사
    광명시 여성비전센터 강사
    Food&Tea 아카데미 대표

前 신안산대학교/혜전대학교 외래교수
    국가기술 조리기능사·조리산업기사·조리기능장 감독위원

반효현
- 성신여자대학교 대학원 식품영양학석사
- 조리기능장

現 광명시 여성비전센터 강사
    고양시여성회관 강사

前 김포대학교/신흥대학교/수원여자대학교 외래교수
    직업훈련교사 1급

한식조리기능사 실기

인　　쇄	2018년 8월 27일	정가 20,000원
발　　행	2018년 8월 30일	
지 은 이	김찬화 · 류지나 · 반효현	
펴 낸 이	차승녀	
펴 낸 곳	도서출판 건기원	
주　　소	경기도 파주시 산남로 141번길 59(산남동)	
전　　화	(02) 2662-1874~5	
팩　　스	(02) 2665-8281	
등　　록	제11-162호, 1998. 11. 24	
홈페이지	http//www.kkwbooks.com	
I S B N	979-11-5767-336-0	13590

▶ 건기원은 여러분을 책의 주인공으로 만들어 드리며 출판 윤리 강령을 준수합니다.
▶ 본서에 게재된 내용 일체를 무단복제 · 복사를 금하며 잘못된 책은 교환해 드립니다.